아기튼튼 이유식
엄마날씬 다이어트

아기튼튼 이유식
엄마날씬 다이어트

초판 1쇄 인쇄 | 2014년 11월 5일
초판 1쇄 발행 | 2014년 11월 10일

지은이 | 유한나
감　수 | 조애경
펴낸이 | 김호석
펴낸곳 | 도서출판 린(LINN)

책임 편집 | 김아롬
디자인 | 김상희(북디자인 봄)
사　진 | 표지 _ 박상현, 이하늬(비바터치 담)
　　　　　도비라 _ 김성구(F64 STUDIO)
　　　　　본문 _ 유한나, 김철호(푸드 판타지 스튜디오)
　　　　　요리&스타일링 _ 유한나(푸드 판타지 스튜디오)
　　　　　Cooking Assistant _ 이유영, 장예진, 박한솔
편집부 | 김진나, 김도윤
마케팅 | 이근섭, 김재호, 이정호
관　리 | 신주영

등　록 | 제 313-291호
주　소 | 경기도 고양시 일산동구 장백로 200(장항동 892) 유국타워 1014호
전　화 | 02) 305-0210 / 306-0210 / 336-0204
팩　스 | 031) 905-0221
전자우편 | dga1023@hanmail.net
홈페이지 | www.bookdaega.com
ISBN 979-11-953738-1-9 13590

책값은 뒤표지에 있습니다.
파본 및 잘못 만들어진 책은 교환해드립니다.
이 책의 무단 전재와 불법 복제를 금합니다.

LINN은 도서출판 대가의 임프린트사로 단행본 전문 출판사입니다.

이 도서의 국립중앙도서관 출판시도서목록(CIP)은 서지정보유통지원시스템 홈페이지(seoji.nl.go.kr)와
국가자료공동목록시스템(www.nl.go.kr/kolisnet)에서 이용하실 수 있습니다.
(CIP제어번호: CIP2014029164)

아기의 영양만점 이유식과 엄마의 건강한 다이어트를 한 번에!

아기튼튼 이유식
엄마날씬 다이어트

유한나 지음 | 조애경 감수

도서출판 린

프롤로그 Prologue

제가 엄마라는 이름으로 불리게 되는 날이 올 거라고는 전혀 생각하지 않았어요. 결혼 전에는 자유로운 삶을 추구하던 저였기에 누군가의 아내나 엄마라는 단어는 전혀 어울리지 않는다고 생각했지요. 그렇게 저 자신이 가장 소중했던 20대와 30대 초반을 거쳐 뒤늦게 결혼 생활을 시작했어요. 40대 초반인 신랑과 30대 중반인 저는 늦은 결혼 생활을 시작하며 아이에 대한 기대를 많이 하지 않았어요. 아기가 생기면 감사하게 받아들이겠지만, 굳이 생기지 않는다면 취미와 여행을 즐기며 살기로 했지요.

그런데 신혼여행을 다녀온 몇 주가 지난 어느 날 제 몸이 조금 달라졌다는 느낌이 들었어요. 우리 '아라'가 저희에게 찾아온 거였어요. 처음에는 굉장히 난감했어요. 갑자기 찾아온 생명에 대한 당혹스러움과 반가운 마음 그리고 두려움까지 뒤섞여 혼란스러웠던 나날이었답니다. 하지만 그런 혼란스러운 시기를 지나고 나니 어느 순간부터 아라를 만나는 날이 손꼽아 기다려졌지요.

임신 기간이 특별히 힘들지 않았기 때문에 출산도 쉽게 할 줄 알았는데, 생각만큼 쉽지 않았어요. 갖은 고생 끝에 태어난 딸을 병원에서 처음 만났을 때의 순간은 지금도 잊을 수 없어요. 꼬물거리는 작은 손, 눈도 못 뜨는 작은 아기가 젖을 물 때의 느낌은 그 어떤 것보다도 신비하고 가슴 벅찬 경험이었어요. 그렇게 행복하고 놀라운 경험을 하고 난 후, 열심히 모유 수유를 시도했는데 이 역시 쉽지가 않았어요. 유두에 상처가 나고, 젖몸살이 너무 심해서 하루하루가 힘든 나날이었지요. 그렇지만 제가 아이에게 해줄 수 있는 가장 큰일이 모유 수유라고 생각돼서 6개월 동안 열심히 수유하고 유축하며 버텨냈어요. 그러다 보니 아이가 6개월이 되어서야 늦은 이유식을 시작할 수 있었지요.

이유식이 너무 늦은 것은 아닌지 걱정되어 괜히 마음만 조급해졌어요. 반면에 숟가락으로 받아먹는 아라를 생각하면 심장이 두근거릴 정도였지요.

음식에 관련된 일을 하는 제게 이유식을 만드는 것은 전혀 어렵지 않을 거로 생각했어요. 제 머릿속에는 이미 다양한 이유식 레시피가 떠올랐고, 시장을 보고 집에 와서 첫 이유식을 만들기 시작했어요. 왜 미음 하나를 만드는데 그렇게 많은 재료를 샀는지 지금 생각하면 웃음만 나온답니다. 처음으로 만든 이유식은 물 같은 쌀미음이었어요. 아라한테 제가 처음 만들어주는 음식이었지요. 다 만들고 나니까 그 어떤 산해진미를 차린 것보다 뿌듯한 마음이 들었어요. 잔뜩 기대하고 한 숟가락을 먹이는데, 아라는 그 미음을 뱉어내 버리는 거예요. 심지어 얼굴을 찡그리고 울먹이기까지 했지요. 당연히 맛있게 먹을 줄 알았던 이유식이 뭐가 문제였을까 고민도 되고, 앞으로 계속 안 먹으면 어쩌나 하는 걱정으로 얼마나 난감했는지 몰라요. 그래서 그 다음 날부터 굉장히 열심히 여러 가지 재료를 이용해서 다양한 색과 맛의 이유식을 만들었어요. 결국, 지금은 한 그릇씩 뚝딱 먹는 아라를 뿌듯하게 지켜보고 있답니다.

아라가 잘 먹기 시작하면서 은근히 신경 쓰이는 것이 제 몸매였어요. '아기를 키우기 때문에', '아기 엄마니까' 하고 스스로 합리화하며 임신했을 때의 살을 그냥 놔두기에는 왠지 자존심이 허락하지 않았지요. 결혼 전에는 안 맞는 옷도 없었고, 나름 스타일이 좋다는 소리도 들었는데 출산 후에는 어느새 원치 않는 군살이 생겨버렸지요. 그래서 아라가 이유식에 익숙해지는 동안 저는 다이어트에 익숙해지기로 했어요. 기왕

이면 이유식 식재료를 이용해서 아라의 이유식과 제 다이어트의 보조를 맞춰서 함께 하는 방법을 택했지요. 그렇게 몇 개월을 보낸 후, 결혼 전에 입었던 옷들을 무리 없이 다시 입게 되었답니다. 제가 직접 해보니 혼자만 알고 있기는 너무 아까운 방법인 것 같아 이렇게 책으로 출간하게 되었어요. 이 책에 담긴 저의 이유식 레시피와 다이어트 비법을 널리 알려 건강한 아이와 행복하고 아름다운 엄마가 되는 길에 많은 분들이 함께했으면 하는 바람입니다.

육아와 살림, 그리고 일까지 같이 하기가 쉽지만은 않았어요. 항상 감사하는 어머님, 아버님, 엄마, 아빠 그리고 든든한 우리 신랑이 있어서 가능했던 것 같아요. 책이 나오기까지 많은 도움을 주신 대가 출판사의 김호석 대표님, 김아롬 편집장님, 김상희 디자이너에게 감사합니다. 또한, 푸드 판타지 식구인 장예진 씨와 이유영 씨 그리고 연성대학교 푸드스타일링과 허정 교수님과 김진숙 교수님, 저와 같은 길을 가는 정신우 셰프, 김효연 푸드스타일리스트, 더운 여름 내내 수고한 연성대학교의 김철호 씨, 박한솔 씨에게도 감사한 마음을 전합니다.

2014년 가을의 시작에서
푸드스타일리스트 유한나

추천사 Recommend

하루를 생활하기 24시간도 모자랄 정도로 바쁜 현대인 중에 빠질 수 없는 사람이 여성이고, 엄마이다. 전보다 엄마의 일이 줄어들지 않았지만, 육아만이 아닌 다른 일도 많아져 아이들 이유식이나 자신의 다이어트도 큰 스트레스로 다가온다. 그러다 보니 출산율이 떨어지고 일 때문에 결혼 연령도 늦어지고 있는 것이 현실이다. 출산을 하고 나면 아이 키우는 일도 벅찬데 임신 중 늘어난 몸무게가 빠지지 않아 심한 우울증으로 찾아오는 환자들도 종종 있다. 그만큼 출산도 스트레스이고, 다이어트도 여성에게는 큰 스트레스가 아닐 수 없다.

이런 시대를 살아가는 여성의 한 사람으로 유한나 씨의 책 출간 소식은 여간 반가운 것이 아니다. 인스턴트 이유식을 먹이기 쉬운 현실이지만, 조금만 신경을 쓴다면 엄마의 정성이 가득 들어간 이유식뿐만 아니라 엄마의 다이어트가 모두 될 수 있다는 발상도 아주 신선하다. 아이의 이유식을 만들고 남는 것들을 어찌할 줄 모르는 요즘 엄마들에게 남은 재료로 다이어트까지 할 수 있다는 일석이조의 레시피를 함께 보여 준다.

좋은 식재료를 고르는 법부터 아기의 건강을 생각한 천연 조미료, 육수, 드레싱 만들기는 초보 엄마도 쉽게 따라 할 수 있는 내용이다. 좋은 식재료를 골라 아이의 이유식을 먼저 만들고, 남은 식재료를 활용해 엄마의 다이어트 음식을 만든다는 것은 생각만 해도 실용적이고 합리적인 방법이다.

아이의 이유식은 매우 중요하다. 이 시기부터 인스턴트나 밀가루에 길들여져서는 안 된다. 하나밖에 없는 귀한 아기에게 인공 첨가물이나 공해에 찌들지 않은 신선하고 영양가 높은 천연 식재료를 사용한 음식을 먹이는 일은 아기의 성장 발달에도 매우 중요하다. 이유식 시기는 식사 습관을 잡아주고 입맛을 결정하는 시기이며, 성장과 두뇌 발달에도 매우 중요한 시기이기 때문에 엄마의 관심과 사랑이 다른 무엇보다 먹는 것에 집중되어야 한다.

또한, 여자의 일생에 있어 살이 찔 수 있는 최대의 위기 중 하나가 출산 후인데, 이때 제대로 감량하지 않으면 평생 증가한 체중으로 살아가기 쉽다. 하지만 아이를 두고 다이어트를 위해 집을 뛰쳐나올 수도 없고, 수유 중인데 무조건 굶는 것도 엄마의 건강을 해치며 요요 현상을 부르는 위험한 방법이다. 자신을 위해 따로 식재료를 구입하는 것도 쉬운 일이 아니다. 이제는 사랑하는 아이를 위해 준비한 식재료로 엄마의 건강과 다이어트까지 챙기는 현명한 방법을 선택해보자.

또한, 다이어트 음식으로 하루 500칼로리 정도를 식사에서 줄이고, 영양은 고르게 섭취하면서 아기와 산책도 하고 아가를 돌보는 사이사이에 계단 오르기, 스트레칭, 서서 빨래 개기, 음악 틀고 청소하기처럼 일상에서 몸을 조금만 더 움직여도 하루 300~500칼로리를 소모할 수 있는 니트(NEAT, Non-Exercise Activity Thermogenesis)다이어트를 함께 실행한다면, 1주일에 1kg 감량은 어렵지 않을 것이다.

이 책에 소개된 월령별로 필요한 영양소까지 갖춘 이유식 레시피에는 꼼꼼한 그녀의 성격과 애정이 가득한 엄마로서 마음이 그대로 드러나 보인다. 초보 엄마일 수밖에 없는 이 시대의 모든 아기 엄마들에게 매일 보고 따라 할 수 있는 책으로 곁에 두고 꾸준히 활용하길 권한다.

출산과 육아를 해내면서 이유식과 다이어트 레시피까지 꼼꼼하게 준비하느라 애쓴 유한나 씨에게 박수를 보내며, 이 세상 모든 엄마들에게 출산 후 꼭 필요한 책이 되길 마음속으로 기대한다.

WE클리닉 원장
의학박사, 가정의학과 전문의, 채소 소믈리에 **조애경**

Contents

프롤로그 4
추천사 8

이유식 알아보기 14
산후 다이어트 알아보기 18
시기별 이유식 특징 22
시기별 산후 다이어트 특징 26
이유식 제철 식재료 30
좋은 식재료 고르는 법 32
식재료 계량하기 36
기본적인 이유식 조리 방법 38
필요한 조리 도구 40
엄마표 천연 조미료 44
이유식 육수 만들기 46
샐러드드레싱 만들기 48

PART 1 아기 초기 이유식 & 엄마 초기 다이어트

쌀미음, 찹쌀미음 56
레몬주스 58
벌꿀 레몬주스 59
감자미음, 고구마미음 60
감자 바나나 아보카도스무디 62
고구마셰이크 63
단호박 오이미음 64
단호박 요거트셰이크 66
오이 사과 레몬주스 67
양배추 비타민미음 68
양배추 사과주스 70
비타민주스 71
애호박 배추미음 72
애호박 사과셰이크 74
배추 수박주스 75
청경채 무미음 76

청경채 사과셰이크 78
무 수삼 파인애플셰이크 79
브로콜리 감자미음 80
브로콜리 배주스 82
사과 당근 감자주스 83
완두콩 사과미음 84
완두콩 사과셰이크 86
사과 당근주스 87
고구마 청경채미음 88
호박고구마 바나나 망고스무디 90
밤고구마 수박 청경채주스 91
닭고기 시금치미음 92
오이 오렌지주스 94
파프리카 배요거트 95

초기 간식 96
퓌레(감자 모유퓌레, 고구마 모유퓌레, 단호박퓌레, 완두퓌레)
과일 퓌레(사과퓌레, 배퓌레, 애호박 사과퓌레, 브로콜리 배퓌레)

PART 2 아기 중기 이유식 & 엄마 중기 다이어트

쇠고기 청경채죽 100
차돌박이 청경채말이샐러드 102
닭고기 연근 비타민죽 104
닭 가슴살 연근샐러드 106
쇠고기 완두콩 당근죽 108
완두콩 당근샐러드 110
닭고기 시금치 두부죽 112
닭 가슴살 시금치샐러드 114
쇠고기 표고버섯 양배추죽 116
버섯샐러드 118
닭고기 고구마 찹쌀죽 120
고구마샐러드 122
쇠고기 채소죽 124
쇠고기 구운 채소샐러드 126
대구 시금치죽 128
대구 프라이샐러드 130
쇠고기 현미 대추죽 132
현미 그린샐러드 134
쇠고기 현미 밤 애호박죽 136
애호박 토마토샐러드 138

옥수수 단호박수프 140
옥수수 단호박샐러드 142
브로콜리수프 144
브로콜리 토마토샐러드 146

중기 간식 148

메시(밤 당근메시, 감자 완두콩메시, 단호박 연두부메시, 고구마 달걀노른자메시)
음료(사과 오이주스, 배 시금치주스, 베이비 두유, 베이비 두유 자두라떼)

PART 3 아기 후기 이유식&엄마 후기 다이어트

완두콩 애호박진밥 152
애호박 파스타샐러드 154
단호박 찹쌀진밥 156
단호박 견과류샐러드 158
쇠고기 미역진밥 160
쇠고기 미역 월남쌈 162
두부 팽이버섯진밥 164
과일 청경채샐러드 166
청경채 옥수수진밥 168
참치 옥수수샐러드 170
들깨 새우진밥 172
들깨 새우샐러드 174
쇠고기 숙주진밥 176
쇠고기 토마토샐러드 178
고구마 채소진밥 180
메시고구마 리코타 치즈샐러드 182
쇠고기 양송이진밥 184
쇠고기 살구플래터 186
대구 살 무진밥 188
생선 볼을 곁들인 채소스틱 190
호랑이강낭콩 연근진밥 192
연근칩샐러드 194
현미 닭고기 사과덮밥 196
사과 퀴노아샐러드 198
쇠고기 가지덮밥 200
가지 곤약샐러드 202
대구 단호박리소토 204
아보카도 단호박샐러드 206
쇠고기 버섯리소토 208
주꾸미샐러드 210

후기 간식 *212*

양갱&완자(고구마양갱, 단호박양갱, 동그랑땡, 완자)
요거트&범벅(단호박 배요거트, 자두 당근요거트, 참외범벅, 바나나 수박범벅)

PART 4 아기 완료기 이유식&엄마 완료기 다이어트

치즈 잔 멸치진밥 *216*
영양부추샐러드 *218*
연두부 사과진밥 *220*
팽이버섯전 *222*
버섯 불고기볶음진밥 *224*
가지 두부조림 *226*
새우 두부진밥 *228*
양배추 초말이 *230*
영양 애호박비빔밥 *232*
연근 우엉냉채 *234*
쇠고기 배추덮밥 *236*
청경채 된장볶음 *238*
토마토 스크램블 에그덮밥 *240*
브로콜리 옥수수 두유수프 *242*
파인애플볶음밥 *244*
토마토 두부 냉채그린소스 *246*
궁중떡볶이 *248*
단호박 고구마맛탕 *250*
토마토소스 해물소면 *252*
당근 크림소스파스타 *254*
라이스 채소피자 *256*
뿌리채소 오므라이스 *258*
크림 소면파스타 *260*
수박스테이크 *262*
프렌치토스트 *264*
양파 감자 아몬드밀크수프 *266*

완료기 간식 *268*

찜&조림(달걀 애호박찜, 달걀 가지찜, 캐슈너트 소스 채소찜, 멸치 견과류조림)
그밖에 간식(약식, 토마토 달걀볶음, 베이비 리코타 치즈, 바나나 콘슬로우)

부록 | baby&mom 스케줄 다이어리 *270*
도움주신 곳 *288*

이유식 알아보기

이유식이란 무엇인가요?

아기들은 생후 4~6개월이 되면 모유나 분유 이외에 다른 음식을 섭취해야 합니다. 모유나 분유를 주식으로 하되 좀 더 딱딱한 음식을 먹기 위한 연습을 시작하는 것이지요. 이유식은 바로 이렇게 음식을 먹는 연습을 하면서 음식과 친해지는 과정을 말해요.

'이유(離乳)'는 '젖을 뗀다'는 의미가 있어요. 하지만 모유나 우유를 끊는 시기라기보다 음식을 먹는 연습을 하는 시기이지요. 그래서 덩어리 있는 음식을 먹는다는 의미의 '고형식'이라고 부르는 게 정확하지요. 단어에서도 알 수 있듯이 젖을 떼고 더 이상 먹지 않는 것이 아니라 덩어리가 있는 음식을 먹을 수 있게 하는 시기라는 것이 더욱 정확하답니다.

언제 시작해야 하나요?

아기가 이유식을 먹기 시작하는 시기를 정확하게 정할 수는 없어요. 하지만 4개월 이전의 아기에게는 모유, 분유, 물 이외에 다른 것은 먹이지 않는 것이 좋아요.

이 시기의 아기는 아직 위와 장의 발달이 미숙하기 때문에 소화하는 능력도 발달하지 않았어요. 또, 너무 일찍 이유식을 시작하면 알레르기 체질이 될 수 있는 확률이 높아진다고 해요. 너무 일찍부터 아기에게 식재료를 접하게 하면 아기가 평생 그 식재료를 먹지 못하게 될 수도 있지요. 그러니 서두르지 말고 아기의 상태를 보면서 4~6개월 사이에 시작하세요.

어떻게 만드나요?

이유식은 불가피한 상황이 아니라면 시판 이유식을 사서 먹이는 방법보다 직접 만들어 먹이는 것이 좋아요. 6개월 이후부터는 모유나 분유만으로는 아기가 필요한 영양분을 모두 채워줄 수 없어요. 특히, 철분과 아연이 많이 필요하니 고기를 첨가해서 이유식을 만들어주는 것이 중요하지요. 이유식은 처음에는 유동식으로 시작해서 점점 덩어리가 있는 음식으로 만들어주면 돼요. 이때 쌀, 고기, 채소를 다양하게 넣어서 만들어준다면 훌륭한 이유식이 될 거예요.

초기에는 아기들이 먹는 이유식 양이 너무 적어서 이유식을 한 번 만들면 3~4일을 먹이거나 얼렸다가 먹이는 경우가 많아요. 이럴 때는 아침에 쌀죽만 만들어놓고, 나머지 식재료들은 먹이기 직전에 다지거나 갈아서 쌀죽에 추가로 넣어 만드는 것도 방법이에요. 아침에 만든 이유식에 다른 재료를 하나 더 첨가해서 점심에 먹이고, 저녁에는 또 다른 재료를 하나 더 첨가해서 먹이는 방법도 있지요. 이때 추가하는 재료는 달걀이나 푸른 잎 채소처럼 금방 익는 재료를 사용하는 게 좋아요. 혹은 전기밥솥의 죽 기능을 이용해서 죽을 만든 다음, 재료를 갈아 넣어주는 것도 간편하게 이유식을 만드는 방법이랍니다.

어떤 점을 주의해야 하나요?

● 모유나 분유를 완전히 끊으면 안 돼요
아기는 모유나 분유를 통해서도 영양분을 섭취해야 하기 때문에 돌까지는 이유식과 병행하는 것이 좋아요. 모유나 분유를 주식으로 하면서 이유식이 보조식이 되었다가, 돌이 지난 후부터는 이유식이 주식이 되는 것이에요.

● 가루로 된 이유식은 먹이지 마세요
아기가 이유식을 먹는 것은 영양 측면도 있지만, 음식을 씹는 연습 과정이기도 해요. 이때 가루로 된 음식을 주면 아기는 씹는 연습을 할 기회를 놓치게 돼요. 그러면 나중에 덩어리가 있는 음식을 먹기 위해 이유식을 또 해야 할지도 모른답니다.

● 이유식을 만들 때는 간을 하지 마세요
간을 하게 되면 아기가 재료 고유의 맛을 느낄 수 없어요. 그래서 아기가 재료의 맛으로 음식을 먹으려고 하지 않아요. 또한, 간을 한 음식을 먹고 나면 간을 하지 않은 음식은 더 이상 먹지 않으려고 해요. 그래서 점점 더 간을 많이 한 음식을 찾게 되지요. 특히, 돌 이전의 아기는 신장 기능이 미숙해서 나트륨을 잘 배출하지 못해요. 그러니 돌 이전에는 최대한 간을 하지 말아주세요.

● 이유식은 쌀로 시작하는 것이 좋아요
쌀은 알레르기를 일으킬 확률이 낮은 식재료예요. 그래서 쌀이 주식이 아닌 서양에서도 아기의 첫 이유식은 쌀로 시작하지요. 이유식 재료는 반드시 유기농 재료를 쓸 필요는 없지만, 제철에 나는 신선한 식재료로 만드는 것이 좋아요.

● 식재료에 따른 아이의 반응을 살펴보세요

개월 수에 따라서 먹을 수 있는 식재료를 선택한 후, 한 가지씩 테스트해 아이의 반응을 살펴보세요. 여러 가지 재료를 섞을 때는 이미 테스트한 재료에 새로운 재료를 한 가지씩 추가해서 먹이세요. 이러한 과정을 거치지 않고 여러 가지 재료를 한꺼번에 섞어 이유식을 만들면 아이가 탈이 나더라도 어떤 재료 때문에 문제가 생겼는지 알기가 힘들어요. 그러니 새로운 식재료는 이삼일 정도 먹이며 아이의 반응을 잘 살펴보세요.

언제 먹이고 몇 번 먹여야 하나요?

이유식은 일정한 시간에 하는 것이 가장 좋아요. 이렇게 정해진 시간에 먹는 습관을 들여야 아기가 올바른 식습관을 갖게 돼요. 처음 이유식을 먹일 때는 오전에 하는 것이 좋아요. 엄마와 아기가 피곤하지 않은 상태에서 첫 이유식을 시작하세요. 또한, 이유식을 먹인 뒤에는 모유나 분유를 이어서 먹이는 것이 아기의 먹는 양도 늘려주고, 바른 식습관을 만들어줄 수 있어요. 이렇게 하면 자연스럽게 배가 고플 때 먼저 먹는 이유식의 양이 늘고, 모유나 분유 양은 줄어든답니다.

아기가 아플 때는 이유식을 먹지 않으려 할 때도 있어요. 이럴 때는 억지로 이유식을 먹이기보다 모유나 분유라도 충분히 먹이는 것이 좋아요. 아기가 아플 때는 수분이 많이 필요하니 모유나 분유 외에도 물을 많이 먹이는 것이 좋지요. 또한, 덩어리가 있는 음식보다는 부드럽고 잘 넘어가는 이유식을 만들어주세요.

산후 다이어트 알아보기

산후 다이어트란 무엇인가요?

산후 다이어트는 출산 후에 늘어난 몸무게를 빼기 위한 다이어트를 말해요. 임신했을 때에는 아기에게 좋은 영양이 많이 갈 수 있도록 평소보다 조금씩 더 먹는 경우가 많아 몸무게가 쉽게 불어나요. 몸무게는 8~12kg에서 평균 15kg 정도 늘어나며 사람마다 격차가 있지만 대부분 몸무게가 늘어난다는 것은 다르지 않지요. 보통 배 속의 아기가 커가며 늘어나는 몸무게라고 생각하지만, 사실 출산 후에 줄어드는 몸무게는 3~4kg밖에 안 된답니다. 여자라면 누구나 아기를 낳자마자 몸무게가 얼마나 빠졌는지, 배는 출산 전처럼 다시 돌아왔는지를 살펴보기 시작할 거예요. 그러면서 출산 전의 몸무게로 다시 돌아가기 위해서 하는 다이어트가 바로 산후 다이어트이지요.

언제 시작해야 하나요?

일반적으로 산후 다이어트는 출산 후 6개월 이내에 하는 것을 권장해요. 6개월 안에 체중 조절을 하지 못하면 우리 몸은 그 불어난 몸무게를 기억하고 있어서 다시 출산 전의 몸무게로 돌아가는 것이 힘들다고 해요. 하지만 산후 6주까지는 산욕기라 다이어트는 절대 무리이며 12주까지는 회복에 주력해야 해요. 그래서 4~6개월 사이에 산후 다이어트를 시작하는 것이 좋아요. 만약, 모유 수유를 한다면 수유를 하면서 체지방을 많이 연소하기 때문에 다이어트에 도움이 되지요. 그러니 모유 수유 중에는 무리한 다이어트를 하면 안 된답니다. 모유 수유를 한다면 4~6개월 사이인 아이가 이유식을 시작하는 시기에 맞춰 산후 다이어트를 서서히 시작하세요. 만약, 모유 수유

를 하지 않는다면 산후 다이어트를 출산 후 3개월이 지난 후부터 바로 시작하는 것이 좋아요. 그래서 분유를 먹이는 아기 엄마와 모유를 먹이는 아기 엄마의 다이어트 시기는 달라질 수 있어요.

언제가 되든 산후 다이어트의 시기를 정하는 것은 엄마의 선택입니다. 다만, 산후 다이어트의 시작은 아기가 100일 이후, 6개월 이전에 시작하는 것이 좋아요.

음식을 어떻게 만들어야 하나요?

산후 다이어트를 할 때는 튀기고 볶는 것보다 찌거나 삶아서 기름을 많이 사용하지 않는 조리 방법으로 음식을 만들어요. 또한, 고춧가루, 소금, 설탕의 양을 줄이고, 조미료는 쓰지 않는 것을 기본으로 해요.

향이 강한 음식도 피하는 것이 좋지요. 특히, 모유 수유를 같이 하는 경우에는 향신료의 향이 아기에게 영향을 미치니 주의하세요.

어떤 점을 주의해야 하나요?

산후 다이어트는 식단 조절만으로 다이어트를 하기에는 무리가 있어요. 그러니 다이어트를 진행할 때는 운동을 같이 해주는 것이 좋아요. 이때 운동은 몸에 무리가 가지 않는 정도의 집에서도 간단히 따라 할 수 있는 운동으로 꾸준히 해주세요. 맨손 체조나 간단한 요가 동작을 하는 것도 좋지요.

다이어트에 가장 효과적인 방법은 모유 수유를 하는 거예요. 모유 수유를 하면 열량 소비량이 많아져서 다이어트에 도움이 되지요. 그렇지만 모유 수유 시에 꼭 필요한 영양소는 부족하지 않게 식단을 잘 구성해서 먹어야 한답니다.

아기를 키우다 보면 엄마들은 제시간에 식사하는 것이 힘들 때가 많아요. 하지만 식사 시간은 되도록 규칙적으로 정하고 지켜주세요. 규칙적인 식사를 해야 폭식을 예방할 수 있답니다.

다이어트를 할 때는 수분을 충분히 섭취하는 것도 중요해요. 그러니 물을 항상 가까운 곳에 두고 생각이 날 때마다 먹는 습관을 들이세요. 자극적인 음식은 피하고, 간이 약하고 심심한 음식을 즐겨 먹도록 노력하세요. 또한, 칼슘과 철분이 많이 들어 있는 음식을 풍부하게 섭취해야 하는 것을 잊지 마세요.

언제 어떻게 먹어야 하나요?

산후 다이어트를 할 때는 몸에 무리가 가지 않게 하는 것이 중요해요. 다이어트를 시작할 때는 아침에 주스 한 잔을 마셔서 디톡스 효과를 주는 것으로 시작해요. 우리 몸의 균형을 다시 찾기 위한 것이지요. 이렇게 몸 안의 상태를 재정비한 후에 샐러드로 식사하면서 다이어트를 진행하세요. 아침에 주스 한 잔, 저녁에 샐러드를 먹는 식단은 몸매를 효과적으로 가꾸는 방법 중 하나이지요. 그러니 초기 다이어트 기간에 주스 디톡스를 끝냈다면, 중기 다이어트 기간에는 아침에는 주스 한 잔을 마신 후, 점심은 일반 식사를 하고, 저녁에는 샐러드를 먹는 식단을 통해서 식사량을 조절하세요. 후기 다이어트 기간에는 아침에 주스 한 잔, 점심과 저녁은 샐러드를 먹는 식단을 유지합니다. 물론 점심에는 단백질이 많이 들어간 샐러드를 먹어서 충분히 포만감을 느낄 수 있게 하는 것이 중요하지요.

 ### 실패하지 않으려면 어떡해야 하나요?

보통 출산 이후에도 임신했을 때의 식습관을 고치지 못해서 다이어트에 실패하는 경우가 많아요. 그러니 출산 후에는 의도적으로 식사량을 조절하는 것이 좋아요. 또한, 출산 후에 몸이 유난히 힘들고 둔해지는 느낌이 들 때가 있는데, 이때 움직이지 않으면 불어난 체중을 유지하게 되고 말아요. 그러니 움직이기 싫더라도 억지로 몸을 움직이도록 하세요.

모유 수유를 하지 않는다면 모유 수유를 할 때 소비되는 500칼로리를 운동 등을 통해 따로 소비할 수 있도록 노력하세요. 반면에 모유 수유를 핑계로 평소보다 많이 먹는 경우가 있는데 자신이 필요 이상으로 많이 먹고 있는 것은 아닌지 항상 점검하는 자세가 필요해요. 만약, 살이 유독 빠지지 않고 몸이 처지며 기분이 항상 좋지 않다면, 산후 우울증일 수도 있으니 병원에 가보는 것이 좋답니다.

시기별 이유식 특징

초기 (4~6개월)

초기 이유식 특징

횟수 오전 1회, 간식 1회(6개월 이후)
양(1회) 50g 이하

주요 사용 재료
- 곡류 | 쌀, 찹쌀, 오트밀 등
- 채소 | 감자, 애호박, 브로콜리, 콜리플라워, 완두콩, 오이, 청경채, 비타민, 단호박, 늙은 호박, 고구마 등
- 육류 | 쇠고기, 닭고기 등
- 과일 | 사과, 배, 자두 등

*시금치, 무, 당근, 배추, 양파, 쇠고기, 닭고기, 자두는 6개월 이후부터 사용한다.

하루에 한 번, 오전 수유 전에 먹여요

이유식을 처음 시작할 때는 오전에 이유식을 먹이는 것이 좋아요. 아기들은 신체 대사가 오전에 가장 활발하기 때문이에요. 또, 이유식을 먹고 구토, 설사나 두드러기 등의 반응을 보일 경우 바로 병원에 갈 수 있어서 좋아요. 그래서 초기 이유식은 하루 1회, 오전 수유 전에 한번 먹이고 부족한 양은 수유로 보충해주세요.

새로운 재료는 시간을 두고 먹여요

아이가 쌀미음에 적응하기 시작하면 채소를 한 가지씩 넣어 먹이세요. 새로운 재료를 첨가할 때는 4~5일 정도 시간을 두고 하나씩 첨가하세요. 그래야 어떤 식재료에 알레르기 반응이 나타나는지 알 수 있어요. 또, 아이도 거부감 없이 새로운 식재료의 맛을 받아들일 수 있어요. 6개월 이후부터는 고기도 먹이세요. 시금치, 배추, 당근에는 질산염이 들어있으니 6개월 이후에 먹이는 게 좋아요.

지정된 장소에서 숟가락으로 먹여요

처음에 아기가 숟가락을 거부하고 밀어내더라도 반드시 숟가락으로 먹여야 해요. 만약, 아기가 잘 먹지 않는다고 이유식을 젖병에 담아 먹이면 덩어리가 있는 음식을 점점 먹기 힘들어합니다. 일정한 시간, 일정한 장소에서 이유식을 먹이며, 식사는 지정된 한 장소에서 먹어야 한다는 사실을 일깨워주세요.

중기 (6~8개월)

횟수 오전 1회, 오후 1회, 간식 1회
양(1회) 70~120g

중기 이유식 특징

주요 사용 재료
- 곡류 | 현미, 차조, 옥수수, 보리, 수수 등
- 채소 | 시금치, 무, 당근, 얼갈이배추, 봄동, 감자, 양파, 애호박, 비트, 아욱, 버섯, 연근, 적양배추, 근대 등
- 과일 | 자두, 수박, 바나나 등
- 육류 | 쇠고기, 닭고기, 쇠고기 육수, 닭고기 육수 등
- 해조류 | 미역, 다시마, 김 등
- 콩류 | 두부류, 대두, 밤콩, 강낭콩, 검은콩 등
- 견과류 | 대추, 건포도 등
- 난류 | 완전히 익힌 달걀노른자
- 기타 식품 | 뻥튀기, 쌀과자, 아기용 과자, 과일 주스 등

*옥수수, 보리, 수수, 밀가루, 달걀노른자는 알레르기를 유발할 수 있다.
*초기에 포함된 모든 식재료를 먹을 수 있다.

🔔 오전 1회, 오후 1회를 먹여요

7개월이 넘어가는 중기 때부터는 이유식을 하루에 두 번 먹이세요. 수유는 이유식 직후에 바로 하는 것이 좋아요. 아기가 이유식을 잘 먹는다고 모유나 분유의 양을 줄이지 않도록 주의하세요. 이유식을 주식으로 하기에는 아이의 소화력이 약하고, 모유나 분유에는 이유식만으로 섭취할 수 없는 영양소가 들어있어요. 하루에 평균 700mL 정도의 모유나 분유를 먹여주세요.

🔔 다섯 가지 식품군을 골고루 챙겨 먹여요

중기 이유식을 시작하면 먹을 수 있는 식재료들이 많아지면서 다양한 식재료들을 이용해 이유식을 만들 수 있어요. 이제부터는 탄수화물, 단백질, 지방, 비타민, 무기질 다섯 가지 식품군을 골고루 먹이세요. 모유나 분유와 함께 곡류, 채소, 과일, 육류가 고루 섞인 이유식과 간식을 먹는다면 충분한 영양을 섭취할 수 있어요.

🔔 컵을 이용하는 훈련을 하세요

손잡이가 달린 컵이나 빨대 컵, 스파우트 컵을 사용할 수 있게 연습시키세요. 처음에는 빨대 컵이나 스파우트 컵에 모유나 분유를 담아주세요. 많이 흘리더라도 컵을 혼자서 사용하는 연습을 시켜주세요.

후기 (9~11개월)

횟수 오전 1회, 오후 1회, 저녁 1회, 간식 1~2회
양(1회) 100~150g

후기 이유식 특징

주요 사용 재료
- 곡류 | 대부분의 곡류
- 채소 | 숙주, 콩나물, 우엉, 가지, 도라지를 포함한 대부분의 채소
- 과일 | 멜론, 참외, 살구, 포도즙, 귤즙 등
- 육류 | 쇠고기, 닭고기 등
- 어패류 | 대구, 가자미, 병어, 동태, 갈치, 흰살 생선 등
- 해조류 | 미역, 다시마, 김, 파래 등
- 콩류 | 대부분의 콩류
- 견과류 | 깨, 밤, 참기름, 포도씨유, 올리브유 소량 사용
- 난류 | 완전히 익힌 달걀노른자
- 면류 | 소면, 파스타, 쌀국수 등
- 기타 식품 | 떡, 식빵, 아가베시럽

*콩나물, 가지, 살구, 귤, 플레인 요거트, 소면, 아기용 치즈, 파스타, 쌀국수는 알레르기를 유발할 수 있다.
*초기, 중기에 포함된 모든 식재료를 먹을 수 있다.

하루 3회씩, 간식은 1~2회 먹여요

후기 이유식으로 넘어가면 덩어리가 있는 이유식을 하루 3회씩, 간식을 한 번 혹은 두 번 정도 먹이면 좋아요. 이 시기에는 아이가 유치, 잇몸, 혀 등을 이용해 스스로 으깨거나 씹어서 먹을 수 있을 정도로 작고 무르게 요리해주세요.

아이가 숟가락을 충분히 사용하게 도와요

이 시기에는 아기가 스스로 숟가락질을 하려고 한다거나 손으로 집어서 먹으려고 해요. 그럴 때는 숟가락을 쥐고 먹을 수 있게 옆에서 도와주세요. 또는, 아기가 손으로 집을 수 있는 크기로 핑거푸드를 만들어 스스로 먹고 성취감을 느끼게 해주세요. 먹으면서 주변을 엉망진창으로 만들더라도 칭찬해주세요. 혼자서 먹는 습관을 길러줘야 나중에 스스로 밥을 먹을 수 있어요.

어른 음식을 그대로 주지 마세요

이유식에 간을 하지 마세요. 어른들이 먹는 국에 밥을 말거나 적셔주지 마세요. 짜고 자극적인 음식에 익숙해지면 성인이 되어서도 고치기가 힘들어요. 참기름이나 깨소금으로 맛을 내보고, 시각적인 자극을 주는 방법을 활용하세요.

완료기 (12개월 이상)

완료기 이유식 특징

횟수   오전 1회, 오후 1회, 저녁 1회, 간식 2회
양(1회)   120~200g

주요 사용 재료
- 곡류 | 대부분의 곡류
- 채소 | 쑥, 치커리, 깻잎, 냉이, 참나물, 취나물, 고사리, 토마토, 부추, 파프리카 등
- 과일 | 복숭아, 딸기, 키위, 망고, 오렌지를 포함한 대부분의 과일
- 육류 | 대부분의 육류
- 어패류 | 등푸른 생선, 참치, 장어, 낙지, 오징어, 게, 새우, 조개류를 포함한 대부분의 어패류
- 해조류 | 대부분의 해조류
- 콩류 | 대부분의 콩류
- 견과류 | 대부분의 견과류 및 유지류
- 난류 | 달걀노른자, 달걀흰자 모두 가능
- 면류 | 대부분의 면류
- 기타식품 | 꿀, 과일, 채소를 건조시켜 만든 과자, 과일 주스 등

*율무, 복숭아, 딸기, 토마토, 키위, 오징어, 게, 조개류, 생우유, 유부, 우동 등 대부분 면류는 알레르기를 유발할 수 있다.
*초기, 중기, 후기에 포함된 모든 식재료를 먹을 수 있다.

하루 3회씩, 간식은 2회 먹여요
완료기 이유식으로 넘어가면 수유는 점차 줄이고, 이유식을 하루 3번 아침, 점심, 저녁으로 나눠서주세요. 이때는 먹는 양도 중요하지만, 일정한 시간에 맞춰서 먹이는 것이 중요합니다. 완료기의 아기들은 열량이 많이 필요하기 때문에 아침과 점심 사이, 점심과 저녁 사이에 하루 2번 간식을 챙겨주세요. 너무 달거나 짠맛에 길들지 않게 열량이 높은 음식, 시중에서 파는 과일 주스나 과자는 되도록 간식으로 주지 마세요.

식사 예절을 가르쳐요
이제는 손의 움직임이 예전보다 자연스러워져서 혼자 능숙하게 음식을 집어먹거나 숟가락도 잘 사용하게 됩니다. 아직은 흘리는 양이 먹는 양보다 많지만, 그래도 스스로 먹게끔 해주세요. 밥은 꼭 지정된 자리에서 먹게 하고, 음식으로 장난을 치거나 밥 먹는 도중에 이리저리 돌아다니지 못하게 훈육하세요. 식사 시간을 넘기도록 아이가 밥을 먹지 않는다면 과감히 상을 치우세요.

생우유를 먹기 시작해요
돌이 지나면 아이는 생우유를 먹을 수 있어요. 생우유는 하루에 최대 500mL 정도만 주세요. 두 돌이 되기 전까지는 저지방 우유나 무지방 우유보다는 질 좋은 지방 섭취를 위해 일반 우유를 먹여주세요.

시기별 산후 다이어트 특징

초기 산후 다이어트 특징

식단 아침-주스, 점심-일반 식사, 저녁-일반 식사

다이어트 식단 재료
채소 | 감자, 고구마, 단호박, 오이, 양배추, 비타민, 애호박, 배추, 청경채, 무, 브로콜리, 당근, 파프리카 등
과일 | 바나나, 아보카도, 사과, 레몬, 파인애플, 오렌지, 망고, 수박 등
유제품 | 우유, 플레인 요거트 등
기타 식품 | 꿀, 아가베시럽 등

*다이어트는 모유 수유가 끝난 후에 진행하는 것이 제일 좋아요.

아침에 주스를 먹어요

다이어트를 처음 시작할 때는 아침에 주스 한 잔으로 가볍게 시작하는 것이 좋아요. 그리고 점심, 저녁은 평소처럼 식사하세요. 육아를 병행해야 하기 때문에 너무 무리한 다이어트는 건강을 해칠 수 있지요. 아침에 주스 한 잔을 마시면, 칼로리는 낮지만 포만감이 높기 때문에 손쉽게 식단을 조절할 수 있답니다.

경우에 따라 익혀서 먹어요

주스는 경우에 따라 익힌 음식으로 만들어 먹는 것이 좋아요. 우리 몸은 생으로 먹는 음식의 영양분을 흡수하지 못하거나 소화시키지 못할 때가 있어요. 그래서 생으로 먹는 것이 꼭 좋은 것만은 아니지요. 그러니 자신의 몸 상태를 파악해서 조리하는 것이 중요해요.

다양한 재료를 활용해요

주스를 만들 때는 식재료를 다양하게 사용하는 것이 좋아요. 이 책에 소개된 주스 레시피는 아기에게 이유식을 만들어주고 남은 재료를 사용해 엄마의 주스를 만들 수 있게 구성했어요. 남은 이유식 재료를 바탕으로 냉장고에서 쉽게 볼 수 있는 채소와 과일을 활용해 만든 주스이지요. 이렇게 하면 주스 한 잔을 마셔도 다양한 식재료를 골고루 먹을 수 있어요.

중기

중기 산후 다이어트 특징

식단 아침-주스, 점심-일반 식사, 저녁-샐러드

다이어트 식단 재료
곡류 | 볶은 현미
채소 | 감자, 고구마, 단호박, 오이, 양배추, 비타민, 애호박, 배추, 청경채, 무, 브로콜리, 당근, 파프리카 등
과일 | 자몽, 방울토마토 등
육류 | 닭 가슴살, 쇠고기 등
어패류 | 대구 등
콩류 | 완두콩, 두부 등
견과류 | 크랜베리, 건포도, 땅콩, 캐슈너트 등
난류 | 달걀
유제품 | 플레인 요거트
기타식품 | 떡, 식빵, 아가베시럽 등

아침에 주스, 저녁에 샐러드를 먹어요

중기 다이어트로 들어가면 아침에 주스를 마시는 식단은 그대로 유지하면서 저녁을 샐러드로 먹기 시작해요. 산후 조리를 하면서 고열량, 고지방 식사를 많이 했기 때문에 몸이 산성으로 변한 경우가 많아요. 그러니 채소를 많이 먹어서 우리 몸을 알칼리성으로 만들어주는 것이 필요해요.

샐러드는 다양한 조리 방법을 사용해요

이유식에 들어가는 식재료가 다양해지면서 이유식을 만들고 남은 식재료의 종류도 다양해져요. 그래서 다양하고 풍부한 맛의 샐러드를 즐길 수 있어요. 특히, 샐러드는 먹을 때 여러 가지 조리 방법을 사용하면 더욱 다채로운 맛을 만들 수 있지요. 이렇게 조리를 해서 먹으면 다이어트 식사는 맛이 없다는 편견을 깰 수 있답니다.

영양을 충분히 섭취할 수 있어요

육아를 하면서 원 푸드 다이어트나 식사를 거르는 방법의 다이어트를 하면 건강을 해칠 수 있어요. 무엇보다 한 끼만 먹고 아기를 돌보는 것은 정말 힘들지요. 그러니 칼로리는 낮지만 영양은 충분히 들어있는 음식으로 식사를 제때 반드시 하는 것이 좋아요.

샐러드 종류를 다양하게 먹어요

다이어트를 한다고 동물성 단백질을 전혀 먹지 않는 것은 좋지 않아요. 그러니 아기의 식단에 고기가 들어가는 날은 엄마도 고기가 들어간 샐러드를 만들어 먹는 것이 좋답니다.

후기산후 다이어트 특징

식단 아침-주스, 점심-샐러드, 저녁-샐러드or다이어트 식단

다이어트 식단 재료
곡류 | 들깨, 퀴노아, 뮤즐리 등
채소 | 애호박, 가지, 양파, 마늘, 단호박, 로메인, 꽃상추, 치커리, 파프리카, 청경채, 옥수수, 당근, 셀러리, 표고버섯, 양상추, 시금치, 적양파, 고구마, 감자, 오이, 연근, 참마, 어린잎 채소, 토마토, 미나리 등
과일 | 방울토마토, 블루베리, 산딸기, 배, 사과, 오렌지, 자몽, 레몬, 살구, 키위, 아보카도, 수박 등
육류 | 쇠고기, 닭 가슴살 등
어패류 | 참치, 새우, 대구, 주꾸미 등
콩류 | 두부 등
견과류 | 잣, 땅콩, 크랜베리, 피스타치오 등
난류 | 달걀
유제품 | 파마산 치즈, 리코타 치즈, 우유, 생크림, 플레인 요거트 등

세끼 모두 다이어트 식단으로 먹어요

아침에 주스 한 잔과 저녁에 샐러드를 먹어주며 점심에도 샐러드와 다이어트 식단으로 식사해요. 하루에 육아로 인해 소비하는 칼로리가 많기 때문에 음식의 양은 조절하지 말고 포만감이 들 만큼 먹는 것이 좋아요. 그리고 몸이 원하는 만큼 충분히 식사를 하되 주스와 샐러드 위주의 식사를 유지하세요.

맛있는 샐러드는 드레싱이 중요해요

채소를 싫어하는 사람이라도 드레싱에 멋을 부리면 샐러드를 아주 맛있게 먹을 수 있어요. 본 책에 사용되는 드레싱은 직접 담은 청, 아가베시럽, 요거트, 올리브 오일을 주로 사용해서 다이어트를 할 때도 걱정 없이 먹을 수 있지요. 간혹 감칠맛을 내기 위해 설탕을 사용한 레시피가 있지만, 설탕 대신에 아가베시럽이나 꿀, 청으로 대체할 수 있어요.

중간에 간식을 먹어요

아침에 주스 한 잔, 점심과 저녁에 샐러드를 먹으면 중간 중간 배고픔을 느낄 수 있어요. 그럴 때는 아기들 간식을 엄마도 같이 먹어요. 후기 이유식부터는 엄마와 아기가 같이 먹을 수 있는 간식 레시피를 수록했으니 참고하세요.

완료기 산후 다이어트 특징

식단 아침-주스, 점심-샐러드or다이어트 음식, 저녁-샐러드or다이어트 음식

다이어트 식단 재료
- 곡류 | 현미
- 채소 | 부추, 양파, 팽이버섯, 표고버섯, 홍고추, 풋고추, 가지, 마늘, 양배추, 오이, 당근, 파프리카, 연근, 우엉, 청경채, 새송이버섯, 애호박, 브로콜리, 옥수수, 어린잎 채소, 단호박, 고구마, 감자 등
- 과일 | 사과, 배, 방울토마토, 수박 등
- 육류 | 쇠고기, 닭 가슴살 등
- 어패류 | 새우, 홍합 등
- 콩류 | 두부 등
- 견과류 | 아몬드 등
- 난류 | 달걀
- 유제품 | 두유, 우유, 생크림 등

*완료기는 샐러드와 다이어트 음식을 주로 하되 일반 식단도 적절히 섞어 진행하는 것이 좋다.

세끼 식사를 해요

완료기에 들어가면 다이어트라고 해서 굳이 주스와 샐러드만 먹지 않아도 된답니다. 지금까지 해왔던 다이어트 식단은 위와 장에 무리를 주는 식단이 아니므로 바로 일반 식단으로 돌아가도 전혀 문제없어요. 그래서 완료기의 점심과 저녁은 초기, 중기, 후기에 사용했던 주스와 샐러드 레시피를 포함해 일반 식사를 섞어 자유롭게 구성해도 상관없어요. 단, 너무 기름진 음식이나 염도가 높은 음식은 피해 주세요.

아기와 같은 음식을 먹어요

엄마의 완료기 다이어트 시기는 아기의 완료기 이유식 시기와 식단이 비슷해요. 이 시기에는 아기의 저염식 식단이 엄마의 다이어트 식단이 되기도 해요. 그래서 아기와 엄마가 같이 먹을 수 있어요. 아기는 이유식을 먹고 엄마는 밥을 먹으면서 반찬을 아기와 함께 먹어보세요.

일반 식단으로 넘어가기 전 단계예요

완료기 다이어트 식단이 끝나면 이제 완전한 일반 식단으로 넘어가도 좋아요. 엄마가 일반 식사를 시작하는 시기에 아기도 템포를 맞춰서 일반 식사를 시작할 수 있어요.

이유식 제철 식재료

봄

	채소류	생선&해물류	과일류
3월	냉이, 두릅, 미나리, 봄동, 돌나물, 고사리, 쑥, 취나물, 마늘종, 열무, 총각무, 얼갈이배추, 브로콜리, 우엉, 더덕, 부추, 토마토, 표고버섯, 애호박, 적양배추, 양배추, 연근, 비트 등	도미, 병어, 임연수어, 조기, 가자미, 주꾸미, 꼬막, 모시조개, 바지락, 피조개, 대합, 미역, 톳, 파래, 김 등	딸기, 귤, 레몬 등
4월	양상추, 적양배추, 양배추, 봄동, 쑥갓, 쑥, 상추, 취나물, 죽순, 마늘종, 돌나물, 고사리, 머위, 부추, 상추, 양파, 완두콩, 강낭콩, 토마토, 오이, 애호박, 비트, 연근, 파프리카, 표고버섯, 아스파라거스 등	병어, 참조기, 도미, 주꾸미, 암꽃게, 뱅어포, 키조개 등	딸기, 살구, 참외, 레몬 등
5월	양배추, 오이, 봄동, 얼갈이배추, 고구마순, 미나리, 도라지, 양파, 더덕, 상추, 마늘, 파, 완두콩, 부추, 애호박, 호박잎, 아욱, 죽순, 토마토, 가지, 완두콩, 표고버섯, 아스파라거스, 비트 등	병어, 참치, 넙치, 홍어, 고등어, 꽁치, 오징어, 암꽃게, 멸치, 잔새우, 전복, 멍게 등	딸기, 앵두, 매실, 참외, 레몬, 자두 등

여름

	채소류	생선&해물류	과일류
6월	감자, 옥수수, 오이, 양파, 아욱, 근대, 셀러리, 애호박, 호박잎, 깻잎, 시금치, 부추, 껍질콩, 양배추, 콩류, 토마토, 파프리카, 연근, 가지, 표고버섯 등	병어, 민어, 참조기, 흑돔, 준치, 삼치, 전갱이, 오징어, 전복 등	참외, 매실, 수박, 자두, 복숭아, 살구, 포도 등
7월	옥수수, 열무, 총각무, 피망, 애호박, 가지, 부추, 시금치, 표고버섯, 연근, 토마토, 오이, 깻잎, 부추, 양파, 노각, 양상추, 아욱, 근대, 감자, 옥수수, 브로콜리, 콩 등	광어, 병어, 갈치, 홍어, 장어, 갑오징어, 오징어 등	수박, 참외, 아보카도, 자두, 복숭아, 산딸기, 멜론, 포도 등
8월	감자, 옥수수, 오이, 깻잎, 고구마순, 고구마, 애호박, 도라지, 콩, 가지, 열무, 브로콜리, 양배추, 양상추, 표고버섯, 양파, 아욱, 근대, 토마토, 시금치 등	갈치, 잉어, 장어, 전갱이, 오징어, 전복, 성게 등	수박, 멜론, 복숭아, 포도 등

* 이유식 재료를 선택할 때는 제철 재료를 파악하고 선택하는 것이 좋다.
* 제철에 나는 식재료를 이용해야 건강한 음식을 먹일 수 있다.

가을

9월
- **채소류**: 고구마, 고추, 당근, 느타리버섯, 표고버섯, 송이버섯, 도라지, 토란, 호박, 감자, 옥수수, 풋콩, 시금치, 오이, 부추, 아욱, 깻잎, 양파, 토마토, 연근 등
- **생선 & 해물류**: 참조기, 전어, 갈치, 연어, 장어, 오징어, 숫꽃게, 새우, 해파리, 굴 등
- **과일류**: 석류, 사과, 배, 무화과, 포도 등

10월
- **채소류**: 늙은 호박, 시금치, 무, 고구마, 도라지, 고추, 송이버섯, 느타리버섯, 양송이버섯, 호박, 부추, 도토리, 당근, 순무, 쪽파, 브로콜리, 팥 등
- **생선 & 해물류**: 가자미, 청어, 광어, 병어, 장어, 갈치, 삼치, 고등어, 꽁치, 연어, 낙지, 숫꽃게, 대하, 대합, 홍합, 소라, 굴 등
- **과일류**: 사과, 배, 감, 모과, 유자, 대추, 석류, 밤, 오미자, 은행, 잣 등

11월
- **채소류**: 당근, 무, 파, 연근, 배추, 호박, 우엉, 브로콜리, 콩나물, 숙주, 시금치, 부추, 늙은 호박 등
- **생선 & 해물류**: 갈치, 옥돔, 대구, 광어, 병어, 명태, 참치, 고등어, 삼치, 연어, 오징어, 문어, 성게, 대하, 대합, 소라, 굴 등
- **과일류**: 사과, 귤, 배, 유자, 키위, 모과, 오미자, 감, 대추, 홍시 등

겨울

12월
- **채소류**: 콜리플라워, 시래기, 무, 연근, 시금치, 배추, 콩나물, 숙주, 당근, 호박 등
- **생선 & 해물류**: 가자미, 갈치, 대구, 병어, 광어, 동태, 방어, 복어, 넙치, 삼치, 고등어, 가오리, 문어, 낙지, 꽃게, 대게, 새우, 소라, 꼬막, 굴, 대하, 홍합, 파래, 미역, 김 등
- **과일류**: 사과, 귤, 바나나, 딸기, 대추, 감, 키위 등

1월
- **채소류**: 우엉, 연근, 당근, 무, 콩나물, 숙주, 브로콜리, 시금치, 고구마, 늙은 호박 등
- **생선 & 해물류**: 생태, 동태, 가자미, 대구, 옥돔, 민어, 병어, 갈치, 아귀, 삼치, 고등어, 문어, 새우, 홍합, 굴, 해삼, 김, 미역 등
- **과일류**: 귤, 감, 사과, 레몬, 딸기 등

2월
- **채소류**: 시금치, 쑥, 양파, 봄동, 취나물, 참나물, 달래, 브로콜리, 고비, 순무, 우엉, 연근, 당근, 무, 콩나물, 숙주, 냉이, 두릅, 미나리 등
- **생선 & 해물류**: 생태, 가자미, 광어, 대구, 병어, 삼치, 고등어, 낙지, 새우, 꼬막, 홍합, 전복, 굴, 청각, 파래, 다시마, 김, 미역 등
- **과일류**: 사과, 귤, 레몬, 딸기 등

영양만점 이유식을 만들기 위해서는 무엇보다 신선한 식재료를 사용해야 해요. 다음은 각 식재료의 특징에 따라 신선한 재료를 고르는 간단한 방법을 정리했어요. 꼼꼼히 기억해두었다가 장을 볼 때 유용하게 활용하세요.

쌀 & 찹쌀
쌀알의 표면은 광택이 나면서 맑은 것이 좋다. 쌀알의 모양이 균일하면서 입자가 고르고 부서진 가루가 많지 않은 것이 좋다.

옥수수
껍질은 연녹색을 띠고 축축하게 수분이 있는 것이 좋다. 알맹이가 촘촘하게 박혀있으면서 알갱이를 떼어서 살폈을 때 탄력이 있는 것이 좋다.

돼지고기
연분홍색을 띠고 고깃결이 매끈한 것이 좋다. 지방의 색이 하얗고, 살을 손으로 눌러봤을 때 탄력이 있는 것이 좋다.

쇠고기
선홍색을 띠며 근육이 섬세하고 탄력이 있는 것, 윤기가 나는 것이 좋다.

차돌박이
고기의 색이 선홍색으로 윤기가 나는 것이 좋다. 쇠고기 특유의 향이 나고 육질이 굳으면서 끈기가 있는 것을 선택한다.

닭고기
색이 선명하며 손으로 눌러보았을 때 탱탱한 것이 좋다. 털구멍이 솟아올라 있는 것이나 포장 상태에서 육즙이 적은 것이 신선하다.

새우
몸이 투명하고 윤기가 나면서 껍질이 단단한 것이 좋다.

주꾸미
악취가 나지 않고 표면이 끈적거리지 않으며 다리의 빨판이 뚜렷한 것이 좋다.

잔 멸치
먹었을 때 달짝지근한 맛이 나면서 색이 희고 맑은 기운이 도는 것이 좋다.

미역
마른미역은 가늘고 윤기가 있으며 바싹 마른 것이 좋다. 물미역은 색이 선명하고 윤기와 탄력이 있으며, 비린내가 나지 않고 끝 부분이 노랗게 변하지 않은 것을 선택한다.

홍합
속살이 통통하고 익혔을 때 입을 벌리는 것이 좋다. 신선한 홍합은 홍합끼리 부딪치는 소리가 맑고 선명하다.

건포도
표면이 끈적이지 않고 잘 마른 것이 좋다. 유통기한을 확인하고 고르는 것이 중요하다.

곶감
나무 꼬치에 꿰었던 곳을 잘 살펴보았을 때 곰팡이가 없고 깨끗한 것이 좋다. 색이 검거나 지나치게 무른 것, 딱딱한 것은 좋지 않다.

달걀
껍질의 표면이 꺼칠꺼칠하고 손으로 들었을 때 묵직한 것이 좋다.

실곤약
적당하게 탄력이 있고 너무 부드럽지 않은 것이 좋다.

두부
표면이 매끄럽고 모서리가 부서지지 않은 것으로 두부를 담가 놓은 간수가 차고 깨끗한 것을 선택한다. 색깔이 뿌옇고 거품이 있거나 흔들었을 때 탁한 것은 좋지 않다.

연두부
연두부는 가공품이기 때문에 가능한 전문점에서 만든 것을 선택하고, 팩에 들어 있는 것은 유통기간을 확인한다.

꿀
담황색으로 색이 균일하고 단맛이 부드러우며, 겨울에도 얼지 않는 것이 좋다.

배추
같은 크기라면 들었을 때 무겁고 묵직한 것이 좋다. 줄기의 흰 부분을 눌렀을 때 단단하고 수분이 많으며, 잘라보았을 때 줄기 두께가 얇은 것이 좋다.

양배추
푸른 겉잎이 그대로 붙어있고, 속이 꽉 차서 무거운 것이 좋다. 겉잎은 윤기가 흐르면서 탄력이 있고, 동그랗게 잘 말려있는 것을 고른다.

양상추
잎은 밝은 연두색을 띠고 윤기가 나며, 손으로 들었을 때 묵직하고 속이 꽉 찬 것이 좋다. 뿌리 쪽에 갈색빛이 나는 것은 좋지 않다.

꽃상추
색이 선명하고 윤기가 흐르면서 야들야들하고, 줄기가 단단하며 물기가 있는 것이 좋다.

비타민
잎은 선명한 녹색이 나면서 봉오리가 벌어지지 않은 것이 좋다.

셀러리
잎은 선명한 녹색이고, 줄기는 연녹색으로 줄기가 굵고 길며 연한 것이 좋다. 줄기의 요철 모양이 두드러지고 겉대와 속대의 굵기가 일정한 것이 좋다.

치커리
잎은 시들지 않고 연한 녹색을 띠면서 잎이 넓고 줄기가 긴 것이 좋다.

시금치
잎의 녹색이 선명하고 표면이 까끌까끌하면서 누런 잎이나 시든 잎이 없는 것을 선택한다.

청경채
잎은 선명한 녹색을 띠면서 시들지 않은 것이 좋다. 줄기 부분은 약한 청록색을 띠면서 광택이 있는 것을 선택한다.

부추
줄기가 너무 크거나 두껍지 않은 것이 좋다. 꽃봉오리가 핀 부추는 맛이 좋지 않다.

미나리
녹색이 선명하면서 줄기가 굵지 않으며 잎 길이가 비슷한 것이 좋다.

숙주
줄기가 굵고 흰 광택이 나면서 뿌리가 투명한 것이 좋다.

양파
껍질이 잘 마르고 광택이 있으며, 단단하고 무게감이 있는 것이 좋다. 겉에 붉은빛이 도는 것이 신선하다. 눌러보았을 때 물렁물렁한 것은 심이 썩은 것이니 선택하지 않는다.

마늘
겉껍질이 단단하고 무게감이 있으며, 하얗게 부풀어 있는 것이 좋다.

브로콜리
꽃봉오리 부분의 녹색이 진하고, 봉오리가 작고 단단한 것이 좋다.

콜리플라워
송이가 부서지지 않고 단단한 것이 좋다.

감자
단단하면서 들었을 때 묵직하고 껍질이 매끈하면서 표면에 주름이 없는 것이 좋다. 싹이 난 감자는 독소가 있기 때문에 이유식에 사용하면 안 된다.

고구마
색이 일정하고 선명한 것이 좋다. 표면이 균일하고 울퉁불퉁하지 않으면서 무른 흔적이 없는 것이 좋다.

무
하얀색을 띠고 모양이 고르면서 단단한 것이 좋다. 울퉁불퉁하거나 마른 것은 속에 바람이 든 것일 수도 있다. 위쪽이 연두색인 무가 더 단맛이 많이 난다.

비트
뿌리의 표면이 매끄럽고 단단하며 흠집이 없어야 하며, 중간 크기의 것이 가장 좋다.

마
겉에 탄력이 있고 상처가 없는 것으로 손으로 들었을 때 묵직하고 단면이 흰 것이 좋다.

연근
표면에 흠집과 상처가 없이 매끈하고 통통하면서 손으로 들었을 때 묵직한 느낌이 드는 것을 선택한다. 너무 가는 것은 섬유질이 억세니 피한다.

우엉
뿌리채소인 우엉은 껍질에 흠이 없고 매끈한 것이 좋다.

당근
흙이 묻은 것 중에서 색이 선명하고 단단한 것이 좋다.

오이
껍질 표면의 녹색이 진하면서 가시가 있고 탄력과 광택이 있는 것이 좋다. 굵기가 고르고 꼭지의 단면이 싱싱한 것을 고른다.

애호박
표면에 윤기가 흐르며 연두색을 띠는 것이 좋다. 잘린 꼭지는 시들지 않고 싱싱한 것을 고른다.

단호박
껍질이 딱딱한 것이 좋다. 잘라서 파는 것은 단면 과육의 노란색이 짙으면서 속에 씨가 꽉 찬 것을 선택한다.

참외
껍질의 색이 선명하고 맑은 노란색을 띠며 표면의 골이 깊을수록 좋다.

고추
껍질이 두껍고 윤기가 나며 반으로 갈랐을 때, 씨가 적은 것이 좋다. 껍질이 단단한 것은 매운맛이 강하기 때문에 용도와 기호에 따라 선택한다. 가을 햇살에 직접 말린 것일수록 붉은빛이 선명하다.

피망
겉껍질 색이 선명하고 꼭지가 신선하며, 기형이 아닌 것이 좋다. 표면이 마르지 않고 수분이 있으며 두껍고 씨가 적은 것이 좋다.

파프리카
겉껍질의 색이 선명하고 윤기가 나며, 꼭지가 신선하고 기형이 아닌 것이 좋다. 골 사이에 변색이 없는 것을 선택한다.

토마토
동그스름하고 살이 탄력 있으며, 껍질의 색이 선명하고 빨갛게 익은 것이 좋다. 꼭지가 단단하고 시들지 않은 것을 선택한다.

방울토마토
과실의 크기가 적당하면서 겉이 무르지 않고 단단한 것이 좋다. 껍질은 선명한 붉은색을 띠고 꼭지가 신선한 것이 좋다.

수박
껍질의 색이 선명하고, 무늬가 규칙적이며 상처가 적은 것이 좋다. 수박 꼭지의 모양은 가지런한 T자 모양으로 잔털이 적어야 한다. 꼭지 반대편인 수박의 배꼽이 작으면 작을수록 껍질이 얇고 당도가 높다.

가지
색이 선명하고 윤기가 있는 것이 좋다. 형태가 구부러지지 않고 곧은 것을 선택한다.

완두콩
콩의 모양이 균일하면서 탄력이 있고, 진한 녹색을 띠는 것이 좋다.

호랑이콩
꼬투리가 마르지 않고 촉촉한 것이 신선하다. 꼬투리 속의 알은 윤기가 있으면서 모양이 일정한 것을 선택한다.

표고버섯
중간 크기로 기둥이 짧고 탄력이 있으면서 갓이 도톰하고 윤기가 나는 것을 선택한다. 안쪽 주름 부분이 하얀 것이 좋다. 말린 표고버섯의 갓은 거북이 등처럼 갈라짐이 많고 선명한 것이 좋다.

양송이
갓이 너무 피지 않고 갓 주변과 자루를 결합하는 피막이 터지지 않은 것을 선택한다.

팽이버섯
순백색이나 크림색으로 갓이 적고 가지런한 것이 좋다. 뿌리 부분이 짙은 다갈색으로 변했거나 줄기가 가는 것은 신선하지 않은 것이니 선택하지 않는다.

느타리버섯
갓의 표면에 회색빛이 돌면서 갓 뒷면의 빗살무늬가 뭉그러지지 않고 선명하게 하얀빛을 띠는 것이 좋다.

사과
껍질이 탄력 있고 단단한 것이 좋다.

배
동그랗고, 배 고유의 점무늬가 크며 꽃자리가 납작한 것이 좋다. 껍질이 얇으면서, 수분이 많고 상큼한 향이 나는 것이 당도가 좋다.

자두
껍질의 색이 선명하고 빨간 것이 당도가 높다. 껍질이 윤기나고 단단한 것이 좋다.

바나나
표면에 광택이 있고 단단하면서 꼭지가 마르지 않은 것을 선택한다. 바나나 껍질에 검은 점들이 올라온 것이 좋다.

파인애플
잎이 작고 단단한 것을 선택한다. 껍질 색의 1/3 정도가 녹색에서 노란색으로 바뀌고 있는 것을 선택한다. 잘랐을 때 달콤한 향이 나는 것이 좋다.

아보카도
껍질의 색이 검게 변한 것은 좋지 않다. 손으로 쥐어 봐서 조금 탄력이 있는 것이 좋다.

자몽
동그란 모양으로 손에 들었을 때 묵직한 것이 좋다. 내용물이 알차게 들어 있으며 눌렀을 때 탄력과 수분이 있어서 형태를 그대로 유지하는 것을 선택한다.

오렌지
형태가 둥글고 견고하면서 손에 들었을 때 묵직하게 무게감이 있는 것이 좋다. 껍질 색이 선명하고 만졌을 때 부드러운 것이 좋다.

블루베리
색이 선명하고 매끈하며 하얀 과분이 균일하게 묻어 있는 것이 좋다. 붉은빛이 돌면 아직 덜 익은 것이고, 탄력이 없고 물기가 많은 것은 너무 많이 익은 것이다.

레몬
말랑말랑하고 향이 좋으며 표면에 광택이 있고, 손에 들었을 때 묵직한 것이 좋다.

대추
주름이 적고 껍질이 붉은 것이 좋다. 대추 속이 황백색인 것을 선택한다.

호두
손에 들었을 때 묵직한 무게감이 느껴지며, 껍질을 까지 않은 것이 좋다. 껍질에 구멍이 뚫린 것은 벌레 먹은 것일 수 있으니 선택하지 않는다.

밤
알이 굵고 도톰하면서 껍질이 윤기가 나는 갈색인 것이 좋다.

땅콩
껍질이 붙어 있는 국산을 구매하고, 곰팡냄새가 나는 것은 피한다.

아몬드
너무 마르지 않은 것, 붉은 갈색을 띠고 있는 것을 선택한다. 포장 제품 구매 시 반드시 유통기한과 포장의 진공 상태를 확인한다.

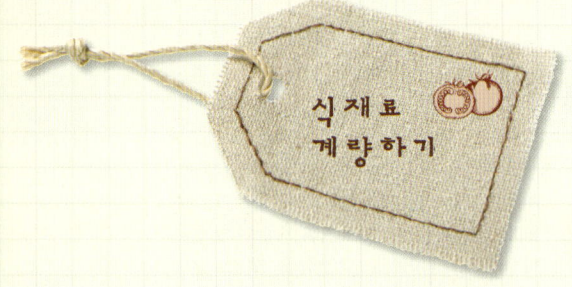

이유식을 만들 때는 각 시기에 따라 음식의 농도와 크기를 알맞게 만들어줘야 해요. 초기에는 최대한 묽은 상태로 만들지만, 후기로 갈수록 음식의 농도는 되고 크기는 점점 커져요. 여기에서는 이유식 시기별로 알맞은 음식의 농도와 크기를 정리했어요.

곡류 (쌀)

초기	중기	후기	완료기

물보다는 약간 농도가 있으며 주르륵 흘러내리는 상태	부드러운 덩어리가 조금 있고 뚝뚝 떨어지는 상태	밥알이 보이면서 손으로 으깨지는 정도	어른 밥과 비슷한 상태이나 물이 많이 들어있는 진밥

뿌리채소 (감자)

초기	중기	후기	완료기

삶아서 체에 곱게 내린 부드러운 상태	삶아서 절구에 으깨거나 0.3cm로 곱게 다진 상태	삶아서 0.5cm로 다져서 부드러운 입자가 있는 상태	삶아서 0.7cm로 썬 상태

잎채소 (청경채)

초기	중기	후기	완료기
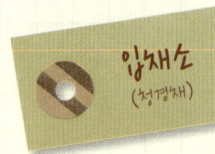			
잎 부분만 삶아서 체에 곱게 내린 부드러운 상태	잎 부분만 삶아서 절구에 으깨거나 0.3cm로 곱게 다진 상태	잎 부분과 줄기도 사용하며 삶아서 0.5cm로 다져서 부드러운 입자가 있는 상태	충분히 익혀서 0.7cm로 썬 상태

채소 (브로콜리)

초기	중기	후기	완료기

꽃 부분만 삶아서 체에 곱게 내린 부드러운 상태	꽃 부분만 삶아서 절구에 으깨거나 0.3cm로 곱게 다진 상태	삶아서 0.5cm로 다져서 부드러운 입자가 있는 상태	삶아서 0.7cm로 썬 상태

	초기	중기	후기	완료기
과일 (사과)	 껍질과 씨를 제거하고 끓는 물에 데친 후 강판에 곱게 간 상태	 껍질과 씨를 제거하고 끓는 물에 데친 후 으깨거나 0.3cm로 곱게 다진 상태	 껍질과 씨를 제거하고 0.5cm로 다져서 부드러운 입자가 있는 상태	 삶아서 0.7cm로 썬 상태
고기 (쇠고기)	 삶은 후 다져서 체에 곱게 내리거나 믹서에 간 부드러운 상태	 삶아서 절구에 으깨거나 0.3cm로 곱게 다진 상태	 삶아서 0.5cm로 다져서 부드러운 입자가 있는 상태	 삶아서 0.7cm로 썬 상태
생선 (대구)		 삶아서 살만 발라내 절구에 으깨거나 0.3cm로 곱게 다진 상태	 삶아서 살만 발라내 0.5cm로 다져서 부드러운 입자가 있는 상태	 삶아서 살만 발라내 0.7cm로 썬 상태
콩류 (완두콩)	 삶아서 체에 곱게 내린 부드러운 상태	 삶아서 절구에 으깨거나 0.3cm로 곱게 다진 상태	 삶아서 0.5cm로 다져서 부드러운 입자가 있는 상태	 충분히 익혀서 0.7cm로 썬 상태
난류 (달걀)		 완숙으로 익혀서 노른자만 체에 곱게 내린 상태	 완숙으로 익힌 노른자만 곱게 으깬 상태	 흰자, 노른자 모두 완숙으로 익혀서 거칠게 으깬 상태

이유식을 만들 때는 일반적인 조리 방법과 다른 방법을 사용할 때도 있어요. 기본적인 이유식 조리 방법을 알고 있으면 좀 더 간편하게 조리할 수 있어요.

죽 끓이기

이유식을 할 때 가장 많이 쓰는 조리 방법이에요. 이유식을 만들 때는 쌀을 충분히 불린 후 만들어야 영양가가 높고 맛도 좋아요. 쌀을 미리 불려서 만드는 것이 번거롭다면 생쌀을 끓이면서 물의 양을 좀 많이 넣어 만드는 것도 방법이에요. 저는 되직한 미음을 쒀 놓고 아기의 상태에 따라 물을 섞어서 농도를 맞추기도 했어요. 초기에는 물에 가까운 미음부터 시작해서 중기와 후기로 갈수록 되직하게 만들어요.

고기 삶기

고기는 지방 부분을 제거하고 찬물에 담가 핏물을 뺀 후 물에 푹 삶아주세요. 삶을 때 거품과 같이 떠오르는 불순물은 제거하는 것이 좋아요.

뿌리채소 삶기

녹말이 있는 뿌리채소는 찬물에 담가서 전분을 제거한 후 끓여주세요. 작게 썰어서 끓이면 익히는 시간을 단축할 수 있어요.

생선 삶기

생선 가시를 제거하고 끓는 물에 삶아주세요. 거품과 같이 떠오르는 불순물은 제거하는 것이 좋아요.

믹서에 갈기
많은 양의 재료를 한꺼번에 갈 때 사용하면 좋아요. 물기가 있는 재료를 갈 때도 사용해요. 오래 갈면 너무 곱게 갈리기 때문에 중기 이후에는 거칠게 갈아주는 것이 좋아요.

강판에 갈기
과일이나 단단한 채소를 갈 때 좋아요. 영양소의 손실이 적지만 번거롭다는 단점이 있어요. 적은 양을 만들 때 사용하기 좋은 방법이에요.

다지기
재료를 다지는 정도는 이유식 시기에 따라서 다르게 하는 것이 좋아요. 다지는 재료의 크기는 되도록 일정하게 하세요. 갈아서 사용하는 것보다 칼로 다지는 것이 맛이나 영양 측면에서 좋아요.

불리기
말린 재료를 이용할 때는 젖은 행주로 닦거나 물에 헹궈서 불순물을 제거한 후 물에 담가서 불려주세요. 시간을 줄이고 싶을 때는 따듯한 물을 이용하면 빨리 불릴 수 있어요.

으깨기
푹 익힌 재료를 숟가락으로 누르거나 도마에 재료를 놓고 칼등으로 으깨면 빨리 만들 수 있어요. 메셔를 이용하면 으깨기가 편해요.

체에 내리기
아기가 소화하기 어려운 섬유질이나 덩어리가 있는 것을 걸러내기 위해 사용하는 방법이에요. 체에 내려서 이유식을 만들면 부드럽고 고운 이유식을 만들 수 있어요.

절구에 빻기
재료를 덩어리가 있게 으깰 때 사용하는 방법이에요. 씹는 맛을 느끼게 해줄 때 사용하세요.

필요한 조리 도구

For Baby

이유식을 위한 도구는 생각보다 다양해요. 다양한 이유식 용품과 이유식 조리 도구를 잘 살펴보고 필요한 것은 구매하세요. 하지만 꼭 시판되는 이유식 전용 도구를 사지 않아도 이유식 만드는 데 큰 문제는 없어요. 저는 원래 가지고 있던 도구를 활용했어요. 대신 이유식을 만들기 전에 끓는 물에 삶아서 소독해서 사용했어요. 사실 면역력이 약한 아기의 위생을 생각하면 어른과 조리 도구를 분리해서 쓰는 것이 좋지만, 어른 조리 도구도 깨끗이 소독해 사용하고 있다면 특별히 분리해 사용하지 않아도 괜찮아요.

컵

아기를 위한 컵은 그 종류가 굉장히 다양해요. 아기의 단계별, 시기별로 컵을 구분해 쓸 수도 있지요. 처음에는 스파우트 컵을 사용하다가 빨대 컵을 쓰고, 그다음에 일반 컵을 사용해요. 보통 스파우트 컵을 사용하지 않고 바로 빨대 컵을 쓰게 하는 엄마들도 많아요. 빨대 컵에서 일반 컵으로 넘어가는 것은 적당한 시기를 선택해 연습시켜주세요.

이유식 숟가락

이유식을 처음 먹일 때는 플라스틱 숟가락보다 실리콘 숟가락이 훨씬 편리해요. 입 밖으로 나오는 음식을 다시 넣어 주기도 편리하고, 그릇에 남은 이유식을 깔끔하게 긁어 먹이기도 쉽지요. 또, 아기가 숟가락을 씹고 빨며 가지고 노는 경우가 많아서 딱딱한 소재보다는 부드러운 소재의 숟가락을 추천해요. 아이가 차차 잘 먹게 되면 플라스틱 재질의 숟가락도 문제없어요. 단, 플라스틱 소재의 경우 반드시 성분 표시를 확인하는 게 좋아요.

이유식 그릇

아기가 물고 빨아도 안전하고 던져도 깨지지 않는 것을 찾다가 나무로 된 식기를 선택했어요. 하지만 나무로 된 식기는 알록달록한 색상이 없어 아기의 호기심을 끌기 부족했어요. 그래서 예쁜 도자기 식기를 같이 사용했어요. 단, 도자기 식기를 이용할 때는 보호자가 꼭 붙어 있어야 하지요. 초기 이유식 때는 들고 먹이기 편한 그릇을 선택하는 것이 좋답니다.

아기 턱받이

처음 이유식을 시작할 때는 대부분 먹여주기 때문에 굳이 턱받이가 없어도 먹이는 것이 어렵지 않았어요. 하지만 아기가 점차 스스로 먹기 시작하면서 턱받이는 필수 준비물이 되지요. 천으로 된 턱받이는 한 번 쓰고 빨아야 한다는 단점이 있어요. 그러나 실리콘 턱받이는 사용 후에 물로 헹구어도 금세 마르기 때문에 아주 편리해요. 플라스틱 턱받이는 단단하고 모양이 변하지 않아서 불편하다는 단점이 있어요.

이유식 보관 용기

이유식을 한꺼번에 많이 만들어서 냉동 보관하는 경우가 많은데, 용기를 잘 선택해서 얼려야 다시 꺼내 먹이기가 편리해요. 양이 많지 않은 초기에는 얼음 용기에 얼려서 사용했어요. 세 가지 종류의 이유식을 각각 얼린 후, 녹일 때 세 종류의 이유식을 섞으면 또 다른 이유식이 만들어지지요.

식탁 의자

식탁 의자는 브랜드와 종류가 아주 다양해요. 가격대와 기능이 모두 천차만별이니 식사 환경과 선호도를 고려해 구입하세요. 저는 가격 대비 성능이 좋은 야마토야의 뉴마터나 의자를 사용했어요. 디자인도 예쁘지만 바른 자세를 만들어주고, 6개월부터 성인까지 사용할 수 있는 의자로 실용적이지요.

실리콘 조리 도구

실리콘으로 만들어진 조리 도구는 높은 온도에서 조리할 때도 변색이나 변형이 없어서 이유식을 만들 때 사용하면 좋아요. 최근에는 다양한 색과 종류를 판매하니 취향에 따라 구입하세요. 특히, 볶음 요리를 하거나 죽을 만들 때 유용하게 사용할 수 있어요.

도마와 칼

도마와 칼은 이유식용을 따로 구입해서 사용해도 좋고 집에서 쓰는 도마를 청결하게 관리해 사용해도 상관없어요. 하지만 과일, 채소, 고기, 생선 등 각 식재료별 도마는 따로 사용하는 것이 좋아요. 무엇보다 도마와 칼은 세균이 번식하기 쉬운 환경이니 정기적으로 소독해서 깨끗하게 관리하세요

계량스푼

계량스푼은 이유식을 만들 때 반드시 필요해요. 레시피대로 정확하게 계량해 요리하는 것이 실수를 줄이는 방법이에요. 특히, 이유식은 소량을 만들기 때문에 계량스푼을 사용하는 것이 좋지요.

계량컵

우리나라 계량컵은 200mL가 기준인데 반해 미국 계량컵은 250mL가 기준이에요. 보통 한 컵이라고 할 때 레시피에서 몇 mL를 기준으로 하는지 확인해보세요. 이 책에서는 200mL를 기준으로 만들었어요.

전자저울

재료를 g으로 달아서 요리하려면 저울이 필요해요. 특히 주방에서 사용하는 저울은 적은 분량도 정확하게 재는 전자저울을 사용하는 게 좋아요. 전자 계량스푼도 있는데, 주방 공간을 적게 차지하고 이유식 같은 작은 양을 계량할 때는 전자저울보다 편리하답니다.

냄비

이유식을 만들 때는 3중 스테인리스 냄비와 무쇠 주물냄비가 편리해요. 세라믹으로 된 냄비에 죽을 끓이다가 누룽지를 만들었던 경험이 있기 때문에 곧바로 스테인리스 냄비와 무쇠 주물냄비를 준비했답니다.

프라이팬

프라이팬은 스테인리스와 무쇠로 만든 것을 준비하세요. 무쇠로 된 프라이팬은 너무 무거워서 사용하기가 힘들어요. 그래서 절충한 것이 바로 스테인리스 프라이팬이에요. 건강을 생각한다면 코팅 프라이팬보다는 코팅이 안 된 프라이팬을 선택해주세요.

찜기

이유식을 만들 때 찜기가 있으면 편리해요. 대나무로 된 찜기는 물기를 잘 말리지 않았을 때 곰팡이가 생길 수 있으니 스테인리스로 된 찜기를 사용하는 것이 관리하기 편해요. 생선이나 완자를 찔 때 사용하면 좋아요.

필러

필러는 채소 껍질을 벗길 때 유용한 도구예요. 이유식을 만들 때는 대부분 식재료의 껍질을 벗겨서 사용하기 때문에 자주 쓰는 도구 중 하나예요. 껍질을 벗길 때뿐만 아니라 채소를 얇고 길게 깎는 데도 편리해요.

체

이유식을 만들 때는 재료를 곱게 갈아서 사용해야 하는데 그때 체로 내려주면 좋아요. 이유식을 체에 거르면 더 부드럽게 만들 수 있어요.

강판

식재료를 갈 때 사용하면 좋아요. 믹서로 갈 때보다 영양 손실이 적기 때문에 이유식에 넣을 재료는 번거롭더라도 직접 강판에 갈아주면 좋아요.

매셔

감자, 고구마, 단호박 등을 삶아서 으깰 때 사용해요. 이유식을 만들 때도 좋지만 매시나 퓌레를 만들 때도 유용해요.

절구

쌀, 견과류, 깨 등을 곱게 빻을 때에도 좋지만, 채소 등을 짓이겨줄 때 사용하면 편리해요. 채소의 영양을 지키며 향을 더욱 좋게 하려면 으깨주는 것이 좋지요. 다만 초기, 중기 이유식을 할 때는 섬유질이 안 끊어질 수 있으니까 조절해가면서 사용하세요.

채소 다지기

이유식을 할 때 가장 손이 많이 가는 일이 채소를 손질하고 다지는 일이에요. 이유식은 대부분 재료를 다져서 사용해야 하므로 채소 다지기가 있으면 편리하지요.

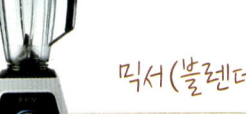
믹서(블렌더)

전기를 연결해서 사용하는 믹서로 여러 가지 식재료를 섞어서 갈 때 편리해요. 회전 속도에 따라 농도를 조절할 수 있어요.

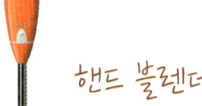
핸드 블렌더

핸드 블렌더는 좁은 공간에서 사용하기 편리해요. 블렌더와 같은 역할을 하지만 적은 양을 만들거나 좁은 곳에서 요리할 때 유용하지요.

For Mom

다이어트 음식을 만들 때 몇 가지 도구가 더 있으면 정말 편리해요. 꼭 구입해야 할 필요는 없지만, 있으면 유용한 조리 도구이니 선택해 준비하세요.

샐러드 스피너

'야채 탈수기'라고도 불리는 샐러드 스피너는 채소를 씻은 후 물기를 제거할 때 사용해요. 샐러드 스피너에 채소를 넣고 손잡이를 돌리면 채소의 물기가 말끔하게 제거되지요.

위스크

'거품기'라고도 하며, 이름처럼 거품을 만들 때 사용해요. 크림, 달걀, 소스를 부드럽게 만들거나 섞어줄 때 사용해요.

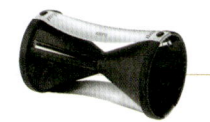
스피룰리

애호박, 당근과 같은 식재료를 국수 형태로 만들 때 사용하는 도구예요.

푸드 프로세서

재료를 다지거나 섞어줄 때 사용해요. 밀가루 반죽을 할 때도 사용할 수 있기 때문에 제과제빵이나 수제비를 만들 때 사용하면 좋아요. 물을 넣지 않아도 잘 갈리기 때문에 농도가 진한 소스를 만들 때 좋아요.

주서기

주서기를 이용해 주스를 만들면 재료의 영양 손실을 줄일 수 있어요. 즙을 내거나 주스를 만들 때 유용해요.

레몬스퀴저

레몬, 오렌지, 라임과 같은 시트러스 계열의 과일즙을 짤 때 사용하면 좋아요. 소량의 즙을 짜서 향을 바로 느끼고 싶을 때 사용해요.

표고버섯 가루   다시마 가루   멸치 가루   새우 가루

표고버섯 가루 | 말린 표고버섯 50g
1. 표고버섯은 흐르는 물에 살짝 헹군 후 물기를 제거한다.
2. 기름을 두르지 않은 팬에 물기를 날리고 바삭하게 볶은 후 믹서에 곱게 간다.

다시마 가루 | 다시마(10×10cm) 2장
1. 다시마는 젖은 행주로 닦아 소금기와 불순물을 제거한다.
2. 기름을 두르지 않은 팬에 구운 후 믹서에 곱게 간다.

멸치 가루 | 멸치 50g
1. 멸치는 머리와 내장을 제거한 후 뜨거운 물에 헹군 뒤 체로 건진다.
2. 기름을 두르지 않은 팬에 물기를 날리고 바삭하게 볶은 후 믹서에 곱게 간다.

새우 가루 | 새우 50g
1. 마른 새우는 수염과 다리를 제거하고 뜨거운 물에 헹군 후 체로 건진다.
2. 기름을 두르지 않은 팬에 물기를 날리고 바삭하게 볶은 후 믹서에 곱게 간다.

천연 조미료는 완료기 이후부터 사용하는 것이 좋아요. 단, 간이 되기 때문에 너무 많은 양을 사용하지 않도록 주의하세요. 1/2작은술 정도면 충분히 감칠맛을 줄 수 있답니다.
천연 조미료는 바로 만들어서 사용하는 것이 가장 맛이 좋고 신선하게 먹을 수 있어요. 보관할 때는 습기가 들어가지 않게 밀봉해서 바람이 잘 통하고 직사광선이 들지 않는 서늘한 곳에 보관하세요.

 다시마&가다랑어포 가루
 멸치&새우 가루
 새우&표고버섯 가루
 표고버섯&다시마 가루

다시마&가다랑어포 가루 | 다시마(10×10cm) 1장, 가다랑어포 25g
1. 다시마는 젖은 행주로 닦아 소금기와 불순물을 제거한다.
2. 다시마를 기름을 두르지 않은 팬에 구운 후, 가다랑어포와 함께 믹서에 곱게 간다.

멸치&새우 가루 | 멸치 25g, 새우 25g
1. 멸치는 머리와 내장을 제거하고 마른 새우는 수염과 다리를 제거한 후 뜨거운 물에 헹구어 체로 건진다.
2. 기름을 두르지 않은 팬에 바삭하게 볶은 후 믹서에 곱게 간다.

새우&표고버섯 가루 | 새우 25g, 말린 표고버섯 25g
1. 마른 새우는 수염과 다리를 제거하고 뜨거운 물에 헹구어 체로 건진다.
2. 표고버섯은 흐르는 물에 살짝 헹구어 물기를 제거한다.
3. 기름을 두르지 않은 팬에 새우와 표고버섯을 바삭하게 볶은 후 믹서에 곱게 간다.

표고버섯&다시마 가루 | 말린 표고버섯 25g, 다시마(10×10cm) 1장
1. 표고버섯은 흐르는 물에 살짝 헹군 뒤 물기를 제거한다.
2. 다시마는 젖은 행주로 닦아 소금기와 불순물을 제거한다.
3. 기름을 두르지 않은 팬에 표고버섯과 다시마를 바삭하게 볶은 후 믹서에 곱게 간다.

다시마 육수   멸치 육수   새우 육수   표고버섯 육수

다시마 육수 | 다시마(10×10cm) 2장, 물 8컵
1. 다시마는 젖은 행주로 닦아 소금기와 불순물을 제거한다.
2. 냄비에 다시마를 넣고 15분 정도 끓인다.
3. 완성된 육수는 체에 밭쳐 국물만 걸러준다.

멸치 육수 | 국물용 멸치 20마리, 물 8컵
1. 멸치는 머리와 내장을 제거하고 뜨거운 물에 헹군 후 체로 건진다.
2. 냄비에 멸치를 넣고 강한 불에서 끓이다가 끓어오르면 약한 불로 줄인 후 40~50분간 끓인다.
3. 완성된 육수는 체에 밭쳐 국물만 걸러준다.

새우 육수 | 마른 새우 1컵, 물 8컵
1. 마른 새우는 수염과 다리를 제거하고 뜨거운 물에 헹군 후 체로 건진다.
2. 냄비에 새우를 넣고 강한 불에서 끓이다가 끓어오르면 약한 불로 줄인 후 40~50분간 끓인다.
3. 완성된 육수는 체에 밭쳐 국물만 걸러준다.

표고버섯 육수 | 말린 표고버섯 1컵, 물 8컵
1. 표고버섯은 흐르는 물에 살짝 헹군다.
2. 냄비에 표고버섯을 넣고 강한 불에서 끓이다가 끓어오르면 약한 불로 줄인 후 40~50분간 끓인다.
3. 완성된 육수는 체에 밭쳐 국물만 걸러준다.

이유식에 사용하는 천연 육수는 초기부터 완료기 이후까지 다양하게 활용할 수 있어요. 아기의 이유식뿐 아니라 어른들 음식을 만들 때도 유용하게 사용되니 넉넉하게 만들어서 조금씩 얼려 놓으면 음식의 맛을 낼 때 유용해요. 한 가지 재료로 만든 육수를 서로 섞어서 사용하면 더욱 풍부한 맛을 낼 수 있어요.

돼지고기 육수   닭고기 육수   쇠고기 육수   채소 육수

돼지고기 육수 | 돼지고기 안심 100g, 물 8컵
1. 돼지고기 안심은 기름을 제거하고 찬물에 담가 핏물을 뺀다.
2. 냄비에 돼지고기 안심을 넣고 강한 불에서 끓이다가 끓어오르면 약한 불로 줄인 후 40~50분간 끓인다.
3. 완성된 육수는 체에 밭쳐 국물만 걸러준다.

닭고기 육수 | 닭 안심 2개, 물 8컵
1. 닭 안심을 깨끗이 씻는다.
2. 냄비에 닭 안심을 넣고 강한 불에서 끓이다가 끓어오르면 약한 불로 줄인 후 40~50분간 끓인다.
3. 완성된 육수는 체에 밭쳐 국물만 걸러준다.

쇠고기 육수 | 양지 100g, 물 8컵
1. 쇠고기는 기름을 제거하고 찬물에 담가 핏물을 뺀다.
2. 냄비에 쇠고기를 넣고 강한 불에서 끓이다가 끓어오르면 약한 불로 줄인 후 40~50분간 끓인다.
3. 완성된 육수는 체에 밭쳐 국물만 걸러준다.

채소 육수 | 양파 1개, 무 100g, 당근 1/2개, 물 8컵
1. 냄비에 양파, 무, 당근을 넣고 강한 불에서 끓이다가 끓어오르면 약한 불로 줄인 후 40~50분간 끓인다.
2. 완성된 육수는 체에 밭쳐 국물만 걸러준다.

채소를 싫어하는 사람이라도 맛있는 드레싱만 있으면 샐러드를 어렵지 않게 먹을 수 있어요. 하지만 자칫 열량이 높은 드레싱을 곁들이면 아무리 샐러드라도 다이어트에 도움이 되지 않아요. 그러니 다이어트 기간에는 맛있고 열량이 낮은 드레싱을 직접 만들어 먹는 것이 좋답니다.

과일과 잘 어울리는 드레싱

- **시트러스 드레싱**
  오렌지즙 3큰술, 자몽즙 3큰술, 레몬즙 3큰술, 올리브오일 1큰술, 소금 약간, 후추 약간

- **연겨자 드레싱**
  올리브 오일 3큰술, 화이트와인 비네거 3큰술, 아가베시럽 2작은술, 연겨자 1/2작은술, 후추 약간, 소금 약간

- **팥 고구마 드레싱**
  빙수용 팥 4큰술, 으깬 고구마 2큰술, 우유 4큰술, 꿀 2큰술, 소금 약간

생선과 잘 어울리는 드레싱

- **사우전아일랜드 드레싱**
  홈메이드 마요네즈 3큰술, 다진 양파 2큰술, 다진 피클 1큰술, 꿀 1작은술, 소금 약간, 후추 약간

- **들깨 드레싱**
  들깨 3큰술, 간장 1큰술, 레몬즙 2큰술, 다진 레몬 껍질 2작은술, 아가베시럽 2큰술, 소금 약간, 후추 약간

- **요거트 드레싱**
  다진 파슬리 1큰술, 플레인 요거트 5큰술, 꿀 2큰술, 소금 약간, 후추 약간

육류와 잘 어울리는 드레싱

- **레드와인 드레싱**
  간장 2큰술, 참기름 1큰술, 다진 양파 2큰술, 다진 쪽파 1큰술, 다진 마늘 1큰술, 레드와인 1큰술, 와사비 1작은술

- **들깨 마요네즈 드레싱**
  홈메이드 마요네즈 2큰술, 들깻가루 1큰술, 레몬즙 2큰술, 아가베시럽 2큰술, 간장 1/2작은술, 소금 약간, 후추 약간

- **매실청 드레싱**
  물 3큰술, 간장 3큰술, 식초 1큰술, 레몬주스 2큰술, 아가베시럽 1큰술, 매실청 2큰술, 참기름 1큰술, 다진 마늘 1큰술, 다진 양파 1큰술, 소금 약간, 후추 약간

- **살구 레드와인 드레싱**
  살구 1개, 레드와인 1컵, 아가베시럽 2큰술, 홈머스터드 1작은술, 레몬즙 2큰술, 올리브 오일 1큰술, 소금 약간, 후추 약간

- **블루베리 요거트 드레싱**
  아가베시럽 4큰술, 플레인 요거트 3큰술, 잣 1큰술, 다진 캐슈너트 1/2큰술, 다진 땅콩 1/2큰술, 냉동 블루베리 1큰술

- **오미자청 드레싱**
  오미자청 3큰술, 오미자 식초 1큰술, 올리브 오일 4큰술, 화이트와인 비네거 2작은술, 꿀 2큰술, 소금 약간, 후추 약간

- **홀머스터드 마요네즈 드레싱**
  홈머스터드 1큰술, 아가베시럽 1큰술, 홈메이드 마요네즈 1큰술, 잣가루 1큰술, 화이트와인 1큰술

- **홀머스터드 오일 드레싱**
  올리브 오일 2/3컵, 화이트와인 비네거 1/3컵, 꿀 1큰술, 레몬즙 1/2큰술, 홈머스터드 1작은술, 화이트와인 1작은술, 소금 약간, 후추 약간

- **홈메이드 마요네즈 드레싱**
  올리브 오일 1/3컵, 레몬주스 3큰술, 화이트와인 비네거 1큰술, 달걀노른자 2개, 디종머스터드 1/4작은술, 소금 약간, 후추 약간

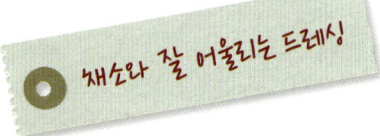

채소와 잘 어울리는 드레싱

채소와 잘 어울리는 드레싱

- **견과류 쌈장 드레싱**
된장 1큰술, 고추장 1큰술, 꿀 1/2큰술, 다진 땅콩 1작은술, 다진 호두 1작은술, 다진 잣 1작은술, 콩가루 1큰술, 참기름 1큰술

- **두부 플레인 요거트 드레싱**
두부 1/4모, 플레인 요거트 3큰술, 꿀 1작은술, 소금 약간, 후추 약간

- **화이트와인 드레싱**
레몬즙 3큰술, 꿀 1큰술, 간장 1큰술, 올리브 오일 4큰술, 화이트와인 1작은술, 소금 약간, 후추 약간

- **바질 발사믹 식초 드레싱**
바질 1송이, 마늘 1쪽, 잣 2작은술, 파마산 치즈 2큰술, 올리브 오일 3큰술, 발사믹 식초 1큰술, 소금 약간, 후추 약간

- **발사믹 글레이즈 드레싱**
발사믹 식초 2와 1/2컵, 아가베시럽 3큰술, 타임 10g, 마늘 10g

- **방울토마토 올리브 오일 드레싱**
방울토마토 15개, 마늘 1개, 올리브 오일 1큰술, 레몬즙 1큰술, 아가베시럽 2큰술, 바질 1작은술, 오레가노 1작은술, 소금 약간, 후추 약간

- **셀러리 마요네즈 드레싱**
마요네즈 3큰술, 토마토 케첩 1큰술, 레몬즙 1큰술, 다진 양파 1큰술, 다진 피클 1/2큰술, 다진 셀러리 2큰술, 다진 삶은 달걀 1개, 다진 파슬리 1작은술, 소금 약간, 후추 약간

- **오렌지 오일 드레싱**
오렌지 1/2개, 다진 양파 3큰술, 다진 마늘 1큰술, 올리브 오일 3큰술, 레몬즙 2큰술, 메이플 시럽 1큰술, 소금 약간

- **유자청 된장 드레싱**
된장 1큰술, 육수 1큰술(15cc), 유자청 1작은술

- **청양고추 피시소스 드레싱**
피시소스 2큰술, 레몬즙 3큰술, 아가베시럽 2큰술, 다진 청양고추 2큰술

- **키위 드레싱**
키위 1개, 플레인 요구르트 1/2컵, 꿀 1큰술, 메이플시럽 1/2작은술

- **타바스코 드레싱**
다진 토마토 5큰술, 다진 양파 3큰술, 다진 청양고추 1큰술, 올리브 오일 2큰술, 레몬즙 1큰술, 식초 1큰술, 타바스코 1큰술, 오가닉슈가 1큰술, 소금 약간, 후추 약간

- **파마산 치즈 드레싱**
바질 5g, 파마산 치즈 가루 4큰술, 올리브 오일 4큰술, 잣 3g, 마늘 1/4개, 소금 약간, 후추 약간

- **허니베리 오일 드레싱**
허니베리 1/2컵, 올리브 오일 2큰술, 소금 약간, 후추 약간

Part.1

Part.1
아기 초기 이유식 &
엄마 초기 다이어트

쌀미음, 찹쌀미음 | 초기 이유식

쌀미음은 우리 주식인 쌀을 이용해서 만들어요. 쌀은 알레르기를 일으킬 위험도 적고 소화도 잘되기 때문에 아기의 첫 이유식으로 가장 적합해요. 쌀미음을 먹고 아무 이상이 없을 때 찹쌀미음으로 넘어가면 돼요. 초기 이유식은 먹는 연습과 알레르기 확인이 목적이에요. 아기가 이유식과 친해질 수 있도록 노력하는 것이 무엇보다 중요합니다.

이유식 만드는 방법

1. 불린 쌀과 분량의 물 1컵을 믹서에 넣고 곱게 간다.
2. 냄비에 **1**의 쌀을 넣고 주걱으로 저어가며 강한 불로 끓인다.
3. **2**가 끓기 시작하면 약한 불로 줄인 후, 주걱으로 저어가며 7분간 더 끓인다.
4. **3**을 체에 거른다.

* 재료
불린 쌀 15g
물 200cc(1컵)

1

2, 3

4

- 찹쌀 미음은 쌀미음과 같은 방법으로 만듭니다.
- 쌀은 15~20분 정도 불려주세요.
- 찹쌀은 40분 정도 불려주세요.

HANNAH'S TIP

- 믹서에 약간의 물을 넣고 쌀을 간 후, 나머지 물을 넣고 흔들어서 사용하면 재료를 알뜰히 쓸 수 있어요.
- 미음을 끓일 때 잘 젓지 않으면, 냄비에 눌어붙기 때문에 처음부터 끝까지 잘 저어야 해요.
- 완성된 이유식이 너무 되직하면, 먹기 직전에 끓인 물을 넣어서 농도를 조절해주세요.
- 찹쌀미음은 가끔 먹는 것이 좋아요.

레몬주스 | 초기 다이어트

아기가 이유식을 시작하는 시기가 되면, 엄마도 자신을 관리해야 해요. 하지만 이 시기에는 격한 다이어트보다 쉽고 간단한 '주스 클렌즈'로 다이어트를 시작하는 게 좋아요. 주스 클렌즈를 시작하기에 가장 적합한 것이 바로 레몬주스예요. 비타민C가 풍부한 레몬은 피로 회복뿐 아니라 지방 분해와 변비에도 효과가 있어 다이어트에 좋은 과일이랍니다.

1. 레몬을 깨끗히 씻는다.
2. 1의 레몬을 2등분해서 즙을 짠다.
3. 분량의 탄산수에 2의 레몬즙을 섞는다.

＊재료
레몬 50g(1/2개)
탄산수 200cc(1컵)

HANNAH'S TIP

- 레몬이 없을 경우 동량의 레몬즙을 활용해 주스를 만들어도 좋아요.
- 레몬은 굵은 소금으로 닦은 후, 소다를 이용해서 한 번 더 닦으면 좋아요. 끓는 물에 레몬을 살짝 데쳐주는 것도 방법이에요.

벌꿀 레몬주스 | 초기 다이어트

주스 클렌즈는 무조건 레시피만 따라하다가는 몸이 힘들어질 수 있어요. 특히 주스 클렌즈를 하다 보면 어지럼증이 생기거나 기운이 없는 경우가 종종 있어요. 이런 때에는 당류를 섭취해서 순간적인 에너지를 만들어주는 것이 좋아요. 꿀은 단당류라서 몸에 흡수가 빠르지요. 다이어트를 시작할 때 유난히 힘든 날이 있다면 벌꿀 레몬주스를 마셔주세요.

1. 레몬을 깨끗이 씻는다.
2. 씻은 레몬을 2등분해서 즙을 짠다.
3. 분량의 물에 2의 레몬즙과 꿀을 섞는다.

* 재료
레몬 100g(1개)
꿀 30g(1과 1/3큰술)
물 200cc(1컵)

HANNAH'S TIP

- 꿀의 종류는 크게 상관 없지만 설탕을 넣지 않은 천연 꿀이 좋아요.
- 꿀에 따라 그 향이 다르니 기호에 맞는 꿀을 선택해 다양한 향을 즐겨 보세요.

감자미음, 고구마미음 | 초기 이유식

아기가 잘 먹는다면 쌀과 찹쌀 외의 다른 식재료를 사용해보세요. 아기는 이유식 재료에 따라서 다르게 반응해요. 신기하게도 엄마, 아빠가 좋아하는 식재료를 더 잘 먹는 경향이 있지요. 우리 아기는 제가 좋아하는 감자를 섞어주니까 다른 미음보다 훨씬 잘 먹었어요. 이렇게 아기가 특별히 좋아하는 식재료에 좋아하지 않는 식재료를 섞어주면 잘 안 먹는 음식을 먹게 할 수 있어요.

이유식 만드는 방법

1. 불린 쌀과 분량의 물 1컵을 믹서에 넣고 곱게 간다.
2. 감자는 껍질을 벗기고 10~15분 정도 삶아서 체에 곱게 내린다.
3. 냄비에 1과 2를 모두 넣고 주걱으로 저어가며 강한 불로 끓인다.
4. 3이 끓기 시작하면 약한 불로 줄인 후, 주걱으로 저어가며 7분간 더 끓인다.

* 재료

불린 쌀 15g(1큰술)
감자 10g(1큰술)
물 200cc(1컵)

1

2

3, 4

- 고구마미음은 감자미음과 같은 방법으로 만들어요.
- 감자 대신 같은 양의 고구마를 사용하세요.

HANNAH'S TIP

- 싹이 나거나 녹색을 띠는 감자는 독성이 있으니 사용하지 마세요.
- 감자를 잘게 썰어서 익히면 금방 익기 때문에 조리 시간을 단축할 수 있어요.
- 감자와 고구마는 밥을 할 때 밥 위에 올려서 익히면 편리해요.
- 고구마는 반드시 체에 걸러서 섬유질을 제거해주세요.

감자 바나나 아보카도스무디 | 초기 다이어트

레몬주스만 마시면 위에 부담이 될 수 있어요. 또, 과일과 채소로 만든 주스만 마시다 보면 정말 배가 고플 때가 있지요. 그럴 때는 감자처럼 탄수화물이 있는 식재료로 주스를 만들어보세요. 감자를 익히지 않고 갈면 거부감이 들 수 있으니 익혀서 스무디로 만들었어요. 하지만 감자를 생으로 만들어 먹는 게 다이어트에는 더 좋지요. 감자스무디는 한 끼 식사로도 훌륭하답니다.

1. 감자는 껍질을 벗기고 적당한 크기로 자른다.
2. 자른 감자는 소금을 약간 넣은 물에 10분간 삶는다.
3. 바나나와 아보카도는 껍질을 벗기고 적당한 크기로 자른다.
4. 2의 감자, 3의 바나나와 아보카도를 분량의 우유, 아가베시럽과 함께 넣어 믹서에 갈아준다.

* 재료
감자 100g(1/2개)
얼린 바나나 27g(1/4개)
아보카도 15g(1/4개)
우유 100cc(1/2컵)
아가베시럽 22g(1큰술)

HANNAH'S TIP

- 바나나와 아보카도는 냉동을 했다가 사용해도 좋아요.
- 감자를 삶아서 사용하면 풋내가 나지 않아요.
- 완성된 주스는 주스라기보다 차가운 감자 수프 같아요.

고구마셰이크 | 초기 다이어트

다이어트를 할 때는 주스와 셰이크를 번갈아가며 먹는 것이 좋아요. 주스만으로 다이어트를 한다면 중도에 포기하기 쉽지요. 주스는 아무리 많이 먹어도 배가 부르다는 느낌이 별로 들지 않기 때문이에요. 하지만 셰이크는 포만감을 느끼게 해요. 특히, 섬유질까지 갈아서 같이 먹을 수 있는 고구마는 포만감을 주는 동시에 변비에도 좋답니다.

1. 고구마는 껍질을 벗기고 적당한 크기로 자른다.
2. 자른 고구마를 찜통에 찐다.
3. 2의 고구마와 분량의 우유를 모두 믹서에 넣고 갈아준다.
4. 3을 컵에 담은 후, 취향에 따라 시나몬 파우더를 뿌린다.

* 재료
고구마 200g(1개)
우유 200cc(1컵)
시나몬 파우더 약간

HANNAH'S TIP

- 고구마는 시나몬과 잘 어울리기 때문에 기호에 따라 시나몬 파우더를 넣어도 좋아요.
- 미리 만들어서 냉동시켰다가 아침에 먹으면 편리해요.

단호박 오이미음 | 초기 이유식

한 가지 재료로 만든 이유식을 먹고 탈이 나지 않았다면, 아기가 그 식재료에 대해 거부 반응이 없다고 여길 수 있어요. 한두 번 먹였던 식재료는 다른 재료와 섞어서 먹여보세요. 단, 아기에게 새로운 음식을 먹일 때는 한 가지씩 먹여 보며, 이상이 있는지 확인하는 것이 중요해요. 그러니 한꺼번에 여러 가지 재료를 섞어 먹이는 것은 피해 주세요.

이유식 만드는 방법

1. 불린 쌀과 분량의 물 1컵을 믹서에 넣고 곱게 간다.
2. 단호박은 씨를 제거하고 10~15분 정도 삶아서 껍질을 벗긴 후, 체에 곱게 내린다.
3. 오이는 데친 후, 씨와 껍질을 벗기고 강판에 곱게 간다.
4. 냄비에 1과 2, 3을 모두 넣고 주걱으로 저어가며 강한 불로 끓인다.
5. 4가 끓기 시작하면 약한 불로 줄인 후, 주걱으로 저어가며 7분간 더 끓인다.

* 재료

불린 쌀 15g(1큰술)
단호박 5g(2작은술)
오이 5g(2/3큰술)
물 200cc(1컵)

1

2

3

4, 5

HANNAH'S TIP

- 단호박은 단맛이 나기 때문에 다른 식재료와 섞으면 맛있는 이유식을 만들 수 있어요.
- 이유식을 만들고 남은 오이로 맛있는 반찬을 만들어보세요.

단호박 요거트셰이크 | 초기 다이어트

달콤한 음식이 먹고 싶을 때 좋은 단호박 요거트셰이크예요. 플레인 요거트에 단호박을 섞으면 별다른 시럽 없이도 맛있게 먹을 수 있어요. 단호박에 들어있는 비타민E는 혈액 순환을 촉진해 피부를 맑고 투명하게 만들어주는 효과가 있어요. 또한, 피부에 쌓인 노폐물도 배출시켜준답니다.

1. 단호박은 씻어서 적당한 크기로 자른다.
2. 씻은 단호박을 15분간 찐 후, 껍질을 벗긴다.
3. 2의 단호박, 분량의 플레인 요거트를 믹서에 모두 넣고 갈아준다.

* 재료
단호박 50g(1/8개)
플레인 요거트 200cc(1컵)

HANNAH'S TIP

- 단호박을 전자레인지에 찔 때는 3분씩 2~3번 돌려주세요.
- 단호박은 익혀서 껍질을 벗기면 쉽게 벗길 수 있어요. 익히지 않고 껍질을 벗길 때는 필러를 사용하면 편리해요.

오이 사과 레몬주스 | 초기 다이어트

오이는 시원한 맛이 나며 수분이 많기 때문에 갈증이 날 때 먹으면 좋아요. 즙을 짜놓고 수시로 마시면 수분 공급을 하면서 입의 무료함도 달랠 수 있어요. 아무 맛이 없는 물은 많은 양을 먹기가 어려워요. 그러나 주스는 물보다 마시기 쉽기 때문에 훨씬 많이 마실 수 있어요. 또한, 오이 향을 싫어하는 사람도 사과와 레몬의 향이 들어가서 무리 없이 마실 수 있어요.

1. 손질한 사과와 오이는 적당한 크기로 자른다.
2. 1의 사과와 오이는 즙을 짠다.
3. 2의 주스에 레몬즙을 짜서 넣는다.

* 재료
오이 480g(2개)
사과 690g(3개)
레몬 100g(1개)

HANNAH'S TIP

- 오이는 굵은 소금으로 씻어주세요. 가시 오이를 사용할 때는 장갑을 끼고 흐르는 물에 가볍게 비비며 씻으면 가시가 쉽게 떨어져요.
- 레몬이 들어가면 소금 간을 하지 않아도 싱겁지 않아요.

양배추 비타민미음 | 초기 이유식

이유식을 시작하면 아기 변이 조금씩 달라지기 시작해요. 예전보다 되고 단단해지지요. 그래서 모유나 분유를 먹던 아기가 이유식을 시작하면서 변비가 생기는 경우도 간혹 있어요. 그럴 때는 섬유질이 풍부한 양배추로 만든 미음을 먹여보세요.

이유식 만드는 방법

1. 불린 쌀과 분량의 물 1/2컵을 믹서에 넣고 곱게 간다.
2. 양배추는 심을 제거하고 끓는 물에 푹 데친다.
3. 2에 물 1/2컵을 넣고 믹서에 곱게 간다.
4. 비타민 잎은 데쳐서 찬물에 헹군 뒤 절구에 으깬다.
5. 냄비에 **1, 3, 4**를 모두 넣고 주걱으로 저어가며 강한 불로 끓인다.
6. **5**가 끓기 시작하면 약한 불로 줄인 후, 주걱으로 저어가며 7분간 더 끓인다.

＊재료

불린 쌀 15g(1큰술)
양배추 5g(2/3큰술)
비타민 잎 10g(3큰술)
물 200cc(1컵)

1

2

3

4

5, 6

HANNAH'S TIP

- 양배추의 심과 그밖에 질긴 부분은 제거하는 것이 좋아요.
- 양배추는 갈아서 익히지 말고, 익힌 것을 갈아서 사용하세요. 그래야 미음에서 냄새가 나지 않아요.
- 비타민은 여린 잎 부분만 사용하는 것이 좋아요.
- 비타민 10g을 데치면, 5g의 데친 비타민이 만들어져요.

양배추 사과주스 | 초기 다이어트

양배추는 각종 미용 수프나 주스에 빠지지 않고 등장하는 식재료예요. 양배추에는 비타민K, 칼슘, 칼륨을 비롯한 몸에 좋은 많은 성분이 들어있어요. 양배추는 익혀 먹는 것보다 즙을 내서 먹으면 영양분이 몸에 더 잘 흡수된다고 해요. 특히, 양배추즙은 여드름을 억제하고 피지를 잡는 데 효과가 뛰어나답니다.

1. 사과는 껍질째 자르고, 양배추는 적당한 크기로 자른다.
2. 자른 사과와 양배추를 주서기에 넣어 즙을 낸다.

＊재료
양배추 160g(1/4통)
사과 300g(1개)

HANNAH'S TIP

- 양배추와 사과는 식초를 1큰술 섞은 물에 10분 정도 담갔다가 흐르는 물에 헹구면 잔류 농약을 씻어낼 수 있어요.
- 양배추의 향을 싫어한다면 사과의 양을 늘려주세요.
- 이유식을 만들고 남은 양배추 심 부분으로 주스를 만들어 먹으면 좋아요.

비타민주스 | 초기 다이어트

이유식을 만들 때 많이 남는 재료 중 하나가 바로 비타민이에요. 비타민은 이름처럼 비타민이 풍부하게 들어있지만 아기 이유식에는 억센 줄기 부분을 쓰지 않고 잎 부분만 사용해요. 이유식을 만들고 남은 비타민의 줄기 부분을 이용해서 주스를 만들면 청량감 있는 주스를 만들 수 있어요.

1. 비타민은 깨끗이 손질하고 파인애플은 과육만 준비한다.
2. 오렌지는 껍질을 벗겨서 준비한다.
3. 1의 비타민과 파인애플, 2의 오렌지를 주서기에 넣어 즙을 낸다.

* 재료
비타민 500g
파인애플 110g(1조각)
오렌지 260g(1개)

HANNAH'S TIP

- 오렌지는 굵은 소금으로 닦은 후, 소다를 이용해서 닦아 주면 표면의 약품을 없앨 수 있어요. 끓는 물에 오렌지를 살짝 데쳐주는 것도 좋아요.
- 파인애플은 통조림보다는 생과일을 이용하세요.

애호박 배추미음 | 초기 이유식

이유식은 모든 재료를 넣고 익혀서 믹서에 가는 것보다 재료를 따로 익혀서 갈아주고 물을 넣어서 다시 끓여주는 방법으로 이유식을 만드는 것이 좋아요. 이유식의 농도를 못 맞춰서 미음이 된죽이 되는 경우가 많기 때문이에요. 그러니 번거롭더라도 재료를 각각 따로 익히고, 물을 넣어서 농도와 양을 조절해주세요.

이유식 만드는 방법

1. 불린 쌀과 분량의 물 1/2컵을 믹서에 넣고 곱게 간다.
2. 애호박은 껍질을 벗긴 후, 속살만 썰어서 끓는 물에 3분간 삶는다.
3. 2의 애호박을 체에 으깨어 내린다.
4. 배춧잎은 데쳐서 찬물에 헹군 뒤 절구에 으깬다.
5. 냄비에 **1, 3, 4**를 **2**의 애호박 삶은 물 1/2컵과 함께 넣고 주걱으로 저어가며 강한 불로 끓인다.
6. **5**가 끓기 시작하면 약한 불로 줄인 후, 주걱으로 저어가며 7분간 더 끓인다.

＊재료

불린 쌀 15g(1큰술)
애호박 10g
배춧잎 5g
물 200cc(1컵)

1

2

3

4

5, 6

HANNAH'S TIP

- 채소 삶은 물을 이용해서 이유식을 만들면 영양소가 손실되는 것을 줄일 수 있어요.
- 애호박은 껍질과 씨 부분을 제거하고 이유식을 만들어주세요. 씨는 알레르기를 유발할 수 있어요.
- 애호박은 소금물로 씻어주세요.
- 배추의 잎 부분을 사용하고 남은 배추는 국을 만들 때 사용하면 좋아요.

애호박 사과셰이크 | 초기 다이어트

엽산이 풍부한 애호박은 임신했을 때도 좋은 음식이었지만, 다이어트를 할 때도 위를 보호해주는 고마운 채소예요. 다이어트를 하다 보면 속이 쓰릴 때가 있는데 그럴 때 애호박은 위산 과다를 막아주고 위를 보호해주는 역할을 해요. 게다가 칼로리가 100g당 38칼로리로 낮기 때문에 많이 먹어도 걱정이 없어요.

1. 애호박은 적당한 크기로 자른 후, 풋내가 나지 않고 부드러워지도록 5분 정도 삶는다.
2. 사과는 씨를 빼고 적당한 크기로 자른다.
3. 1의 애호박, 2의 사과와 분량의 우유, 플레인 요거트를 믹서에 모두 넣고 갈아준다.

재료
애호박 135g(1/2개)
사과 150g(1/2개)
우유 50cc(1/4컵)
플레인 요거트 50cc(1/4컵)

HANNAH'S TIP

- 애호박이 많이 남았다면 삶아서 냉동 보관하세요. 냉동했던 애호박은 그대로 갈아서 시원한 여름 음료로 만들 수 있어요.
- 애호박 자체에 단맛이 있어서 굳이 다른 단맛을 추가할 필요가 없어요.

배추 수박주스 | 초기 다이어트

배추는 심 부분에 영양이 몰려 있는데 여기에 비타민C, 칼륨, 칼슘, 식이섬유 등이 풍부하게 들어있어요. 다이어트나 미용이 아니더라도 건강을 위해서 꼭 먹어야 하는 음식이에요. 배추로 음료를 만들어 먹으면 달콤한 맛이 나서 생각보다 맛있답니다.

1. 배추와 수박은 적당한 크기로 자른다.
2. 자른 배추와 수박을 주서기에 넣어 즙을 낸다.
3. 2에 분량의 탄산수를 넣는다.

* 재료
배추 10g(4큰술)
수박 400g(2컵)
탄산수 200cc(1컵)

HANNAH'S TIP

- 남은 배추는 신문지에 싸서 서늘한 곳에 보관하면 오래 보관할 수 있어요.
- 칼로 자른 배추는 끝 부분부터 갈변이 되니까 바로 먹는 것이 좋아요.
- 배추를 갈랐을 때 심 부분이 부풀어 오른 것은 사용하지 마세요.

청경채 무미음 | 초기 이유식

청경채는 면역 체계를 높여주는 효능이 있기 때문에 이유식에 꼭 필요한 식재료예요. 다만 이유식에서는 부드러운 잎 부분만 사용하기 때문에 버려지는 부분이 많아요. 남는 재료는 반찬으로 만들어 엄마, 아빠의 밥상에 올려보세요. 무는 기관지에 좋기 때문에 감기에 걸린 아기에게 좋아요.

이유식 만드는 방법

1. 불린 쌀과 분량의 물 1컵을 믹서에 넣고 곱게 간다.
2. 청경채 잎은 데쳐서 찬물에 헹군 뒤 절구에 으깬다.
3. 무는 껍질을 벗기고 10~15분 정도 삶아서 체에 곱게 내린다.
4. 냄비에 1과 2, 3을 넣고 주걱으로 저어가며 강한 불로 끓인다.
5. 4가 끓기 시작하면 약한 불로 줄인 후, 주걱으로 저어가며 7분간 더 끓인다.

＊재료

불린 쌀 20g(1과 1/2큰술)
청경채 잎 10g(3큰술)
무 5g(2/3큰술)
물 200cc(1컵)

1

2

3

4, 5

HANNAH'S TIP

- 청경채는 잎이 벌어지지 않고 속이 꽉 찬 것을 고르세요. 또, 너무 크지 않고 작은 것이 좋아요. 잎이 누렇게 변하지 않고 파릇하게 살아있는 것으로 광택이 있는 것이 좋답니다.
- 가을과 겨울에 나는 무는 달아서 아이들이 잘 먹어요.
- 무의 푸른 부분은 섬유질이 많기 때문에 삶은 후 체에 꼭 내려주세요.

청경채 사과셰이크 | 초기 다이어트

청경채에는 베타카로틴 성분이 많이 들어있어요. 또한, 칼슘과 철분이 풍부해서 여성에게 좋은 식재료예요. 다이어트를 하면서 빈혈이 생길 때는 청경채 사과셰이크를 먹으면 도움이 돼요. 칼로리는 낮고 비타민C는 풍부한 청경채는 다이어트에 좋은 식재료예요.

1. 사과는 씻어서 씨를 빼고 한입 크기로 자른다.
2. 청경채는 씻은 후에 3cm 길이로 자른다.
3. 1의 사과, 2의 청경채, 분량의 플레인 요거트, 레몬즙을 믹서에 모두 넣고 갈아준다.

재료
사과 100g(1/3개)
청경채 8g(1/2포기)
플레인 요거트 100cc(1컵)
레몬즙 5g(1작은술)

HANNAH'S TIP

- 청경채를 데쳐서 원하는 크기로 잘라서 얼리면 오래 보관할 수 있어요. 이때 얼음 틀을 사용하면 편리합니다.
- 청경채를 냉장 보관할 때는 잎 부분에 물을 뿌려서 보관하면 더 신선하게 보관할 수 있어요.

무 수삼 파인애플셰이크 | 초기 다이어트

무에는 소화 효소인 디아스타아제가 풍부하게 들어있어요. 다이어트를 하다 보면 위의 기능이 떨어질 수 있어요. 그리고 갑자기 음식을 많이 먹으면 속이 불편하기도 하지요. 그럴 때는 무 파인애플셰이크를 만들어서 소화제처럼 먹어요. 천연 소화제를 통해 부담 없는 식이요법이 가능해질 거예요.

1. 무와 파인애플은 한입 크기로 썬다.
2. 1의 무와 파인애플, 수삼, 분량의 우유를 믹서에 모두 넣고 갈아준다.
3. 2에 꿀을 넣어 섞는다.

재료
무 10g, 수삼 41g (1뿌리)
얼린 파인애플 220g(2조각)
꿀 20g(1큰술), 우유 200cc(1컵)

HANNAH'S TIP

- 무의 잎과 뿌리는 분리해서 보관하세요.
- 무의 흰 부분은 매운맛이 나기 때문에 단맛이 나는 푸른 부분을 사용하면 좋아요.
- 무는 너무 오래 보관하면 수분이 빠져나가고 바람이 들어서 맛이 없어져요.

브로콜리 감자미음 | 초기 이유식

브로콜리는 비타민이 풍부하고 항산화 작용이 뛰어난 식재료예요. 철분도 풍부하기 때문에 아기에게 자주 먹이면 철분 공급에 효과적이지요. 그래서 저는 이유식에 되도록 브로콜리를 자주 넣으려고 한답니다. 하지만 브로콜리 특유의 향 때문에 아기가 싫어할 수도 있으니 조금씩 양을 늘리는 것이 좋아요.

이유식 만드는 방법

1. 불린 쌀과 분량의 물 1/2컵을 믹서에 넣고 곱게 간다.
2. 브로콜리 꽃을 3분 정도 삶은 후 삶은 물 1/2컵을 넣고 믹서에 곱게 간다.
3. 감자는 껍질을 벗기고 10~15분 정도 삶아서 체에 곱게 내린다.
4. 냄비에 **1, 2, 3**를 모두 넣고 주걱으로 저어가며 강한 불로 끓인다.
5. **4**가 끓기 시작하면 약한 불로 줄인 후, 주걱으로 저어가며 7분간 더 끓인다.

＊재료
불린 쌀 15g(1큰술)
브로콜리 꽃 5g(1큰술)
감자 5g(수북하게 1작은술)
물 200cc(1컵)

1

2

3

4, 5

HANNAH'S TIP

- 브로콜리는 딱딱한 줄기 부분을 제거하고 꽃 부분만 잘라서 사용해요. 꽃 부분을 자를 때는 으스러지게 자르지 말고 송이가 될 수 있게 잘라주세요.
- 아기가 브로콜리 줄기 부분을 조금 먹는 것은 크게 문제가 되지 않아요.

브로콜리 배주스 | 초기 다이어트

매일 주스를 먹다 보면 가끔은 고기도 먹고 싶고, 쿠키도 먹고 싶고, 시럽을 넣은 달콤한 커피도 무척 생각나요. 하지만 다이어트를 위해 꾹 참다 보면 기분이 울적해지지요. 이럴 때는 울적한 기분을 가라앉혀 주는 비타민K가 많은 브로콜리를 먹어보세요. 비타민K는 칼슘의 배출도 막아주어 골다공증 예방에도 효과적이에요.

1. 브로콜리와 배를 적당한 크기로 자른다.
2. **1**의 브로콜리, 배를 주서기에 넣어 즙을 낸다.

＊재료
브로콜리 35g(1/4개)
배 170g(1개)

HANNAH'S TIP

- 브로콜리는 꽃봉오리가 꽉 차있는 게 좋아요. 또한, 줄기가 단단하고 녹색이 선명하며 윤기가 나는 것이 싱싱하지요.
- 브로콜리는 식초를 탄 물에 씻어주세요.

사과 당근 감자주스 | 초기 다이어트

처음에는 감자주스를 마시는 것에 거부감이 들어서 감자스무디를 만들어서 먹었어요. 그런데 스무디를 자주 먹다 보니까 감자주스도 먹을 수 있을 것 같은 자신감이 들었어요. 감자주스는 녹말 특유의 느낌이 입에 남기 때문에 사과나 당근처럼 개운한 맛의 식재료와 함께 먹어야 텁텁한 맛을 줄일 수 있어요.

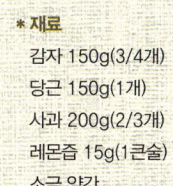

1. 감자, 당근, 사과는 껍질째 자른다.
2. 자른 감자, 당근, 사과를 주서기에 모두 넣고 즙을 낸다.
3. 2에 레몬즙을 짜서 넣는다.
4. 소금으로 간을 한다.

* 재료
감자 150g(3/4개)
당근 150g(1개)
사과 200g(2/3개)
레몬즙 15g(1큰술)
소금 약간

HANNAH'S TIP

- 감자에 싹이 나거나 녹색을 띠고 있는 것은 독성이 있기 때문에 주스로는 절대 만들어 먹지 마세요.
- 독성이 걱정되는 감자는 삶아 먹는 것이 좋아요.

완두콩 사과미음

초기 이유식

콩으로 미음을 하는 것은 손이 많이 가는 일이에요. 하지만 콩이 가지고 있는 영양을 포기할 수 없기 때문에 정성스레 한 알씩 까서 만들어야 하지요. 이렇게 간 완두콩은 한 번 먹을 양씩 포장해서 보관해도 좋고, 셰이크로 만들어서 먹어도 좋아요.

이유식 만드는 방법

1. 깍지를 벗긴 완두콩은 하루 전에 물에 불려 놓는다.
2. 불린 쌀과 분량의 물 1컵을 믹서에 넣고 곱게 간다.
3. 불린 완두콩은 껍질을 벗겨 5분 정도 삶은 후, 절구에 으깬다.
4. 사과는 데쳐서 씨와 껍질을 벗기고 강판에 곱게 간다.
5. 2, 3, 4를 모두 넣고 주걱으로 저어가며 강한 불로 끓인다.
6. 5가 끓기 시작하면 약한 불로 줄인 후, 주걱으로 저어가며 7분간 더 끓인다.

* 재료

불린 쌀 15g(1큰술)
완두콩 5g(2작은술)
사과 10g(1큰술)
물 200cc(1컵)

1

2

3

4

5, 6

HANNAH'S TIP

- 콩 껍질은 아기 목에 걸릴 수 있기 때문에 꼭 벗겨주세요.
- 콩을 물에 불리면 껍질이 쉽게 벗겨져요.
- 아기에게 알레르기나 아토피 증상이 있다면 콩 종류의 이유식은 천천히 시작하는 게 좋아요.

완두콩 사과셰이크 | 초기 다이어트

이유식을 만든 후 자주 남는 재료 중 하나가 완두콩이에요. 완두콩은 칼로리가 낮고 식이섬유가 풍부해요. 이런 완두콩으로 음료를 만들면 콩국을 먹는 것처럼 고소한 맛을 느낄 수 있어요. 완두콩 속에 들어있는 비타민A는 피부 미용에도 효과적이랍니다.

1. 완두콩을 삶는다.
2. 사과는 씻어서 씨를 빼고 한입 크기로 자른다.
3. 1의 완두콩, 2의 사과, 분량의 요거트를 믹서에 모두 넣고 갈아준다.

* 재료
완두콩 93g(1/2컵)
사과 75g(1/4개)
요거트 200cc(1컵)

HANNAH'S TIP

- 완두콩 삶은 물로 세수를 하면 피부에 좋아요.
- 완두콩은 껍질째 먹어도 괜찮아요.
- 완두콩은 그냥 먹는 것보다 다른 식재료와 함께 먹을 때 맛이 더 좋아요.

사과 당근주스 | 초기 다이어트

아이를 키우다 보면 어쩔 수 없이 식사를 거르게 되는 때가 많아요. 이럴 때는 주스를 미리 만들어 두었다가 틈나는 대로 한 잔씩 먹으면 좋아요. 배가 고프거나 입이 심심할 때마다 한 잔씩 마시는 습관을 들이면 나도 모르는 사이에 살이 빠지고 있을 거예요.

1. 당근과 사과는 적당한 크기로 자른다.
2. 자른 당근과 사과, 분량의 물을 믹서에 모두 넣고 갈아준다.

＊재료
당근 50g(1/3개)
사과 160g(1/2개)
물 150cc(3/4컵)

HANNAH'S TIP

- 사과는 소화를 도와줘요.
- 사과와 생강은 매우 잘 어울리는 식재료예요. 몸이 차거나 감기 기운이 있다면 생강 한 톨을 같이 갈아 주스로 만들어도 좋아요.

고구마 청경채미음 | 초기 이유식

각각의 식재료가 가진 고유한 맛을 처음 알게 되는 게 바로 이유식이에요. 아기는 음식이 가지고 있는 다양한 맛과 향을 접하면서 두뇌가 발달한다고 해요. 그러니 다양한 식재료를 통해 아기가 여러 가지 맛을 접할 수 있도록 해 주세요. 고구마는 단맛이 많이 나는 음식이기 때문에 아기들이 거부감 없이 잘 먹는답니다.

이유식 만드는 방법

1. 불린 쌀과 분량의 물 1컵을 믹서에 넣고 곱게 간다.
2. 고구마는 껍질을 벗기고 10~15분 정도 삶아서 체에 곱게 내린다.
3. 청경채 잎은 끓는 물에 데친 후 잘게 썬다.
4. **1**과 **3**을 넣고 주걱으로 저어가며 강한 불로 끓인다.
5. **4**가 끓어오르면 **2**를 마저 넣고, 주걱으로 저어가며 7분간 더 끓인다.

* 재료

불린 쌀 15g(1큰술)
고구마 10g(1과 1/3큰술)
청경채 잎 10g(3큰술)
물 200cc(1컵)

1

2

3

4, 5

HANNAH'S TIP

- 고구마는 잔털이 없고 매끈한 것이 좋아요. 또 껍질 색이 진하고 속이 노란 고구마가 맛있어요.
- 고구마의 껍질이 검게 변한 부분은 쓴맛이 나니 피해 주세요.

호박고구마 바나나 망고스무디 | 초기 다이어트

아무리 다이어트를 위해 먹는다고 해도 맛이 없으면 먹을 수가 없어요. 모든 음식은 맛이 있어야 하지요. 그래서 만들게 된 달콤한 스무디예요. 주스와는 조금 다른 맛이 나기 때문에 자꾸만 먹고 싶어져요. 그러다 보니 생각보다 많이 먹기도 하는데, 하루에 두 잔 이상은 먹지 않는 게 좋아요.

1. 호박고구마는 껍질째 적당한 크기로 잘라서 삶는다.
2. 망고는 껍질과 씨를 제거하고, 과육만 발라내 적당한 크기로 자른다.
3. 바나나는 껍질을 벗긴다.
4. 1, 2, 3과 분량의 우유를 믹서에 모두 넣고 갈아준다.
5. 취향에 따라 시나몬 파우더를 뿌린다.

＊재료
호박고구마 85g(1/2개)
망고 40g(1/4개)
바나나 27g(1/4개)
우유 200cc(1컵)
시나몬 파우더 약간

HANNAH'S TIP

- 호박고구마는 비타민C가 풍부해요. 호박고구마의 비타민C는 열에 강하기 때문에 익혀도 파괴되지 않아요.
- 고구마는 고탄수화물 식품이에요. 너무 많이 먹으면 다이어트에 방해돼요.

밤고구마 수박 청경채주스 | 초기 다이어트

고구마에 풍부한 섬유질은 배변 활동에도 좋을 뿐 아니라 몸속 노폐물 배출을 돕는 효능이 있어요. 우리 몸을 청소해주는 섬유질이 풍부한 고구마로 만든 주스는 말 그대로 해독 역할을 한답니다.

1. 밤고구마와 수박은 껍질을 벗겨 적당한 크기로 자른다.
2. 1을 청경채와 함께 주서기에 모두 넣고 즙을 낸다.

* 재료
고구마 200g(1개)
청경채 500g(30포기)
수박 500g(2와 1/2컵)

HANNAH'S TIP

- 고구마를 보관할 때는 공기가 통하게 듬성듬성 놓고 서늘한 곳에 보관하는 것이 좋아요. 고구마 사이에 신문지를 끼워 넣으면 더 오래 보관할 수 있어요.
- 고구마는 색상이 선명하고 진한 게 좋으며, 껍질이 얇은 고구마가 더 달아요.

닭고기 시금치미음 | 초기 이유식

초기 이유식이 끝날 때쯤이면 여러 재료를 섞어서 먹이기도 하고, 동물성 재료를 사용하기도 해요. 이유식에 처음 사용하는 고기는 기름이 적은 부위로 사용하는 것이 좋아요.
닭고기에는 두뇌 성장을 돕는 단백질이 풍부하고, 시금치에는 피부 트러블이 생기는 것을 막아주는 효능이 있지요.

이유식 만드는 방법

1. 불린 쌀과 분량의 물 1/2컵을 믹서에 넣고 곱게 간다.
2. 닭 안심은 얇은 막, 지방, 힘줄을 떼어내고 손질한 후 삶는다.
3. 시금치 잎은 끓는 물에 데친 후, 잘게 썬다.
4. 2를 다져서 절구에 으깬 후, 닭 안심 삶은 물 1/2컵을 부어가며 체에 내린다.
5. 1, 3, 4를 모두 넣고 주걱으로 저어가며 강한 불로 끓인다.
6. 5가 끓어오르면 주걱으로 저어가며 7분간 더 끓인다.

* 재료

불린 찹쌀 15g(1큰술)
닭 안심 10g(2/3큰술)
시금치 잎 10g(3큰술)
물 200cc(1컵)

1

2

3

4

5, 6

HANNAH'S TIP

- 닭고기는 찬물에 담가 핏물을 제거해주세요.
- 닭고기는 살이 두껍고 윤기가 있는 것이 좋아요. 또, 눌렀을 때 탄력이 있고 분홍색을 띠는 것이 좋지요.
- 닭고기를 모유나 분유에 재웠다가 만들면 고기 냄새를 없앨 수 있어요.

오이 오렌지주스 | 초기 다이어트

오렌지는 주스를 만들 때 가장 기본이 되는 재료예요. 어떤 식재료와 섞어도 맛있는 맛을 만들어내는 것이 바로 오렌지이지요. 항산화 효과가 좋기 때문에 꾸준히 먹으면 노화 방지에도 효과적이에요.

1. 오렌지는 껍질을 까서 과육만 준비한다.
2. 오이는 껍질을 씻어서 적당한 크기로 자른다.
3. 1의 오렌지, 2의 오이를 주서기에 모두 넣고 즙을 낸다.

＊재료
오렌지 110g(1과 1/2개)
오이 145g(1/2개))

HANNAH'S TIP

- 오렌지는 귤이 나오는 시기인 9~12월에 나오는 것이 맛있어요.
- 여름에 나오는 오렌지는 씨가 많은 데다 당도가 떨어지고 수분이 적기 때문에 별로 맛이 없어요.

파프리카 배요거트 | 초기 다이어트

파프리카를 익히지 않고 생으로 먹으면 아삭한 식감과 달콤한 맛으로 입을 즐겁게 해줘요. 그런데 이상하게도 파프리카를 그냥 갈면 향이 강하고 맛이 없어 먹을 수가 없었어요. 이처럼 특유의 향이 많이 나는 식재료는 요거트를 곁들이면 맛있게 먹을 수 있어요. 다만 시중에 판매하는 요거트는 당도가 높기 때문에 되도록 직접 만든 요거트를 사용하세요.

1. 물에 씻은 파프리카와 배를 적당한 크기로 자른다.
2. 1의 파프리카와 배, 분량의 플레인 요거트를 믹서에 모두 넣고 갈아준다.

* 재료
파프리카 75g(1/2개)
배 100g(1/4개)
플레인 요거트 200cc(1컵)

HANNAH'S TIP

- 파프리카는 선명한 색을 띠며, 상처가 없이 표면이 깨끗한 것이 좋아요.
- 파프리카를 물기 없이 건조한 상태로 보관하면 오래 보관할 수 있어요.

아기튼튼 간식 · FOR BABY

퓌레
초기 간식

퓌레는 채소나 곡류를 삶아서 걸쭉하게 만든 것으로 초기 이유식을 하는 아기들이 먹기 좋은 간식이에요. 꼭 초기가 아니라도 아기들은 퓌레를 잘 먹기 때문에 이유식을 만들고 남는 식재료를 활용해서 간식으로 만들어주세요.

● 감자 모유퓌레

*재료
감자 100g(5/6컵), 모유 또는 분유 50cc(1/4컵)

1. 감자는 껍질을 벗기고 10~15분 정도 삶는다.
2. 익힌 감자를 숟가락으로 으깨면서 체에 내린다.
3. 2에 모유를 조금씩 섞어준다.

●● 고구마 모유퓌레

*재료
고구마 100g(소복하게 1컵), 모유 또는 분유 50cc(1/4컵)

1. 고구마는 껍질을 벗기고 10~15분 정도 삶는다.
2. 익힌 고구마를 숟가락으로 으깨면서 체에 내린다.
3. 2에 모유를 조금씩 섞어준다.

●●● 단호박퓌레

*재료
단호박 100g(1컵)

1. 단호박은 껍질을 벗기고 10~15분 정도 삶는다.
2. 익힌 단호박을 숟가락으로 으깨면서 체에 내린다.

●●●● 완두퓌레

*재료
불린 완두콩 100g(1/2컵)

1. 완두콩을 충분히 불려 끓는 물에 5~10분 정도 삶는다.
2. 익은 완두콩은 손으로 비벼 속껍질을 제거한다.
3. 2를 숟가락으로 으깨면서 체에 내린다.

과일 퓌레
초기 간식

과일을 푹 익혀서 갈거나 으깨면 과일 퓌레가 만들어져요. 아직 단맛에 익숙하지 않은 아기들은 과일의 단맛만으로도 맛있다고 느끼기 때문에 다른 단맛을 추가할 필요가 없답니다.

● 사과퓌레

*** 재료**
사과 100g(5/6컵)

1. 사과 껍질을 벗기고 씨를 제거한다.
2. 사과를 썰어 끓는 물에 2분간 데친다.
3. 익힌 사과를 숟가락으로 으깨면서 체에 내린다.

●● 배퓌레

*** 재료**
배 100g(5/6컵)

1. 배 껍질을 벗기고 씨를 제거한다.
2. 배를 썰어 끓는 물에 2분간 데친다.
3. 익힌 배를 숟가락으로 으깨면서 체에 내린다.

●●● 애호박 사과퓌레

*** 재료**
애호박 80g(5/6컵), 사과 20g(2큰술)

1. 애호박은 껍질을 벗기고 속살만 사용한다.
2. 사과는 껍질을 벗기고 씨를 제거한다.
3. 애호박과 사과를 썰어 각각 끓는 물에 2분간 데친다.
4. 3의 애호박과 사과를 숟가락으로 으깨면서 체에 내린다.

●●●● 브로콜리 배퓌레

*** 재료**
브로콜리 75g(소복하게 1컵), 배 25g(2와 1/2큰술)

1. 배는 껍질을 벗기고 씨를 제거한다.
2. 브로콜리는 억센 줄기 부분을 제거한다.
3. 배와 브로콜리는 썰어서 각각 끓는 물에 2분간 데친다.
4. 3의 배와 브로콜리를 숟가락으로 으깨면서 체에 내린다.

Part.2

Part.2
아기 중기 이유식 &
엄마 중기 다이어트

소고기 청경채죽 | 중기 이유식

중기 이유식은 초기 이유식보다 좀 더 덩어리가 있는 죽 형태의 음식이에요. 그런데 아이는 씹히는 질감이 낯선지 간혹 쌀알이 큰 부분만 골라서 혀로 밀어내기도 해요. 그래도 끈기를 가지고 아기에게 먹여야 한답니다. 덩어리를 거부할 때면 숟가락으로 으깨서 주는 것도 방법이에요.

이유식 만드는 방법

1. 불린 쌀과 육수 1/4컵을 믹서에 넣고 쌀알이 1/4 정도 크기가 되게 간다.
2. 쇠고기와 청경채를 삶아서 곱게 다진다.
3. 냄비에 1, 2와 육수 1컵을 모두 넣고 주걱으로 저어가며 강한 불로 끓인다.
4. 죽이 끓기 시작하면 약한 불로 줄인 후, 주걱으로 저어가며 7분간 더 끓인다.

＊재료

불린 쌀 15g(1큰술)
쇠고기 15g(1큰술)
청경채 잎 10g(3큰술)
육수(또는 물) 250cc(1과 1/4컵)

1

2

3, 4

- 육수는 천연 육수를 사용하세요.
- 육수가 없다면 그냥 물을 사용해도 좋아요.

HANNAH'S TIP

- 밥보다 쌀을 갈아서 만든 이유식이 더 맛있어요.
- 중기부터는 잎채소를 체에 내리지 않아도 돼요.
- 쇠고기와 청경채를 같이 익힐 때는 쇠고기를 먼저 건져내고 청경채는 조금 더 데쳐주세요.
- 쇠고기는 15~20분 정도 찬물에 담가 핏물을 빼주세요.

차돌박이 청경채말이샐러드

중기 다이어트

다이어트를 시작하면 고기를 전혀 먹지 않는 사람들이 있어요. 하지만 아이 식단과 마찬가지로 다이어트를 할 때는 동물성 단백질이 아주 중요해요. 고기를 삶거나 쪄서 기름을 제거하고 채소와 함께 먹는다면 균형적인 한 끼 식사로 부담 없고 건강에도 좋답니다. 또한 만들어진 모양이 예뻐서 간단한 손님 초대 요리로도 손색이 없어요.

샐러드 만드는 방법

1. 당근은 필러로 얇게 썰어 당근 절임 재료를 모두 섞어 만든 양념에 미리 재워둔다.
2. 차돌박이는 팬에 구워서 기름을 제거한다.
3. 당근은 물기를 제거한 후, 청경채와 함께 그릇에 담고 쇠고기를 올린다.
4. 3의 샐러드에 크랜베리와 볶은 현미를 올린다.
5. 드레싱 재료를 모두 섞어서 샐러드에 곁들인다.

＊재료
차돌박이 100g, 청경채 2포기
당근 1/2개, 크랜베리 1큰술
볶은 현미 1/2큰술, 올리브 오일
소금 약간, 후추 약간

당근 절임 재료
식초 1큰술, 물 1큰술
아가베시럽 2작은술, 소금 1작은술

들깨 마요네즈 드레싱 재료
홈메이드 마요네즈 2큰술
들깻가루 1큰술, 레몬즙 2큰술
아가베시럽 2큰술, 간장 1/2작은술
소금 약간, 후추 약간

1

2

3

4

5

HANNAH'S TIP

• 쇠고기는 차돌박이가 아닌 다른 부위로 만들어도 좋아요.

닭고기 연근 비타민죽 | 중기 이유식

연근은 익은 정도에 따라 질감이 달라집니다. 아기가 입안에 닿는 식재료의 느낌을 싫어한다면 푹 익혀서 넣어주세요. 하지만 연근의 사각사각한 느낌을 통해 새로운 촉감을 접하게 하는 것도 좋아요. 아기가 특별히 싫어하지 않는다면 연근 특유의 질감을 살려서 만들어주세요.

이유식 만드는 방법

1. 불린 쌀과 육수 1/4컵을 믹서에 넣고 쌀알이 1/4 정도 크기가 되게 간다.
2. 닭고기는 3분 정도 삶아서 곱게 다진다.
3. 연근은 닭고기를 삶은 물에 넣고 3분 정도 데친 후 곱게 다진다.
4. 비타민은 30초간 데친 후, 찬물에 헹궈 물기를 짜고 곱게 다진다.
5. 냄비에 **1, 2, 3, 4**와 육수 1컵을 모두 넣고 주걱으로 저어가며 강한 불로 끓인다.
6. 죽이 끓기 시작하면 약한 불로 줄인 후, 주걱으로 저어가며 10분간 더 끓인다.

＊재료
불린 쌀 15g(1큰술)
연근 15g(1과 2작은술)
닭고기 20g(1과 1/3큰술)
비타민 잎 10g(3큰술)
육수(또는 물) 250cc(1과 1/4컵)

1

2

3

4

5, 6

HANNAH'S TIP

- 껍질을 벗긴 연근은 식초 물에 담그면 갈변을 방지할 수 있어요.
- 연근을 오래 익히면 감자와 식감이 비슷해져요.
- 닭고기는 오래 익히면 결대로 찢기가 쉬워요.
- 익힌 닭고기는 잘게 다져서 얼렸다가 사용해도 좋아요.

닭 가슴살 연근샐러드 | 중기 다이어트

다이어트를 할 때 가장 많이 접하는 식재료가 닭 가슴살이에요. 담백하고 촉촉한 닭 가슴살은 채소와 잘 어울려서 간단한 브런치나 식사로도 좋아요. 다이어트를 한다고 맛없는 음식을 억지로 먹을 필요는 없어요. 맛있는 음식을 배부르게 먹으면서 다이어트를 할 수도 있답니다. 다만 어떤 음식이든 너무 많이 먹는 것은 피해 주세요.

샐러드 만드는 방법

1. 손질한 닭 가슴살은 마리네이드 재료를 모두 섞은 소스에 미리 재웠다가 그릴에 15분간 굽는다.
2. 연근은 껍질을 벗겨 0.5cm 두께로 썰어서 끓는 물에 2분 정도 삶는다.
3. 비타민, 양상추, 치커리는 손으로 한입 크기로 뜯어 찬물에 담갔다가 건진다.
4. 미니 파프리카는 한입 크기로 썰고 자몽은 껍질을 벗기고 과육만 준비한다.
5. 그릇에 **1, 2, 3, 4**를 모두 담고 매실청 드레싱을 곁들인다.

＊재료
닭 가슴살 200g, 연근 150g
비타민 30g, 양상추 3장
치커리 3~4줄기
미니 파프리카 2개
자몽 1/4개

마리네이드 재료
올리브 오일 100cc(1/2컵), 다진 양파 1큰술
다진 마늘 1큰술, 다진 홍고추 1큰술
소금 약간, 후추 약간

매실청 드레싱 재료
물 3큰술, 간장 3큰술, 식초 1큰술
레몬주스 2큰술, 아가베시럽 1큰술
매실청 2큰술, 참기름 1큰술, 다진 마늘 1큰술
다진 양파 1큰술, 소금 약간, 후추 약간

1

2

3

4

5

- 고기는 마리네이드(밑간)를 해줘야 부드러워지고 간이 베어서 맛있어요.
- 드레싱 재료와 마리네이드 재료는 거의 똑같기 때문에 한꺼번에 재료를 준비해서 만들면 편해요.

쇠고기 완두콩 당근죽 | 중기 이유식

중기 이유식을 할 때는 철분 공급이 중요해요. 그래서 쇠고기는 중기 이유식에서 가장 중요한 식재료예요. 찬물에 담가 쇠고기의 핏물을 빼주면 누린내와 불순물을 제거할 수 있어요.

이유식 만드는 방법

1. 불린 쌀과 육수 1/4컵을 믹서에 넣고 쌀알이 1/4 정도 크기가 되게 간다.
2. 쇠고기, 완두콩, 당근은 삶아서 곱게 다진다.
3. 냄비에 **1, 2**와 육수 1컵을 모두 넣고 주걱으로 저어가며 강한 불로 끓인다.
4. 죽이 끓기 시작하면 약한 불로 줄인 후, 주걱으로 저어가며 10분간 더 끓인다.

＊재료
쌀 15g(1큰술)
쇠고기 15g(1큰술)
완두콩 10g(소복하게 1큰술)
당근 10g(1큰술)
육수(또는 물) 250cc(1과 1/4컵)

1

2

3, 4

HANNAH'S TIP

- 완두콩은 불리면 껍질이 더 잘 벗겨져요.
- 쇠고기는 한번 먹을 만큼 다져서 얼렸다가 사용하면 편해요.

완두콩 당근샐러드 | 중기 다이어트

보통 감자나 고구마를 이용해 매시를 만들어 먹는데, 이유식을 하고 남은 완두콩이랑 당근으로 매시를 만들었더니 고소하고 담백한 게 정말 맛있었어요. 한 번에 많이 만들어서 냉장고에 넣어두고 입이 심심할 때마다 꺼내서 먹으면 좋아요. 생크림, 요거트, 마요네즈, 버터가 들어가면 더 부드러워지지만 홈메이드 마요네즈로 담백하게 먹는 것이 다이어트에는 더 좋답니다.

샐러드 만드는 방법

***재료**
완두콩 50g, 당근 200g
홈메이드 마요네즈 3큰술
아몬드 슬라이스 2큰술
건포도 2큰술, 아가베시럽 1큰술
소금 약간, 후추 약간

1. 완두콩은 15~20분 정도 끓는 물에 삶는다.
2. 당근은 먹기 좋은 크기로 썰어서 끓는 물에 삶는다.
3. **1**의 완두콩과 **2**의 당근을 거칠게 으깬다.
4. **3**의 완두콩 당근 메시에 홈메이드 마요네즈 3큰술, 아몬드 슬라이스 2큰술, 건포도 2큰술, 아가베시럽 1큰술, 소금과 후추를 약간씩 넣고 섞어서 그릇에 담는다.

1

2

3

4

HANNAH'S TIP

- 완두콩은 속껍질을 벗겨주면 좋아요.
- 완두콩을 삶을 때 소금을 조금 넣어주면 완두콩에 간이 배요.
- 기호에 따라 고구마, 감자, 단호박을 섞어서 만들어도 좋아요.
- 완두콩 당근샐러드에 머스터드를 섞어서 색다른 맛을 낼 수도 있어요.

닭고기 시금치 두부죽

중기 이유식

두부는 7개월부터 먹을 수 있어요. 어떤 식재료와도 잘 어울리기 때문에 특별히 준비된 식재료가 없을 때 사용하면 좋아요. 다만 알레르기가 걱정된다면 돌이 지나서 먹는 것이 좋답니다. 두부에는 칼슘과 단백질이 풍부하기 때문에 아이의 성장 발육에 아주 좋아요. 우리 예쁜 아기에게 두부를 넣은 이유식을 자주 만들어주세요.

이유식 만드는 방법

1. 불린 쌀과 육수 1/4컵을 믹서에 넣고 쌀알이 1/4 정도 크기가 되게 간다.
2. 두부는 2분 정도 데쳐서 곱게 으깬다.
3. 닭고기는 3분 정도 삶아서 곱게 다진다.
4. 시금치는 30초간 데친 후, 찬물에 헹궈 물기를 짜고 곱게 다진다.
5. 냄비에 **1, 2, 3, 4**와 육수 1컵을 모두 넣고 주걱으로 저어가며 강한 불로 끓인다.
6. 죽이 끓기 시작하면 약한 불로 줄인 후, 주걱으로 저어가며 10분간 더 끓인다.

＊재료

불린 쌀 15g(1큰술)
두부 15g(1큰술)
닭고기 20g(1과 1/3큰술)
시금치 10g(3큰술)
육수(또는 물) 250cc(1과 1/4컵)

1

2

3

4

5, 6

HANNAH'S TIP

- 시금치는 신문지에 싸서 통풍이 잘되는 서늘한 곳에 보관하면 오래 두고 먹을 수 있어요.
- 시금치의 양이 너무 많다면 한 번에 데쳐서 꼭 짠 후 사용할 만큼 나눠서 냉동 보관해주세요.
- 시금치는 미리 다진 후 얼려도 괜찮아요.

닭 가슴살 시금치샐러드

| 중기 다이어트

닭 가슴살이 다이어트에 좋다는 사실을 알아도 퍽퍽한 질감과 특유의 누린내 때문에 잘 안 먹게 돼요. 보통은 아기 이유식에만 쓰려고 구입하는데, 이유식을 하고 남는 양은 생각보다 많답니다. 이럴 때는 닭 가슴살을 삶아서 찢은 다음에 소스에 버무려서 먹어보세요. 생각보다 부드러운 식감으로 맛있게 먹을 수 있을 거예요. 단, 이때 사용하는 소스는 칼로리가 높지 않은 것으로 선택하세요.

샐러드 만드는 방법

1. 닭 가슴살은 물에 올리브 오일 1큰술, 소금 약간을 넣고 삶아서 결대로 찢은 후, 드레싱에 버무린다.
2. 양파는 0.2cm 두께로 곱게 채 썰고, 달걀은 9분 정도 삶아서 1/4로 자른다.
3. 방울토마토는 반으로 자른다.
4. 시금치와 루꼴라는 한입 크기로 손으로 뜯어 찬물에 담갔다가 체에 밭쳐 물기를 뺀다.
5. **2**의 양파, **4**의 시금치와 루꼴라, **3**의 방울토마토를 그릇에 담고, **1**의 닭 가슴살과 **2**의 달걀을 올려 마무리한다.

＊재료
닭 가슴살 200g, 시금치 150g
루꼴라 50g, 양파 1/4개
달걀 2개, 방울토마토 6개
올리브 오일 1큰술
소금 약간

오미자청 드레싱 재료
오미자청 3큰술, 오미자 식초 1큰술
올리브 오일 4큰술
화이트와인 비네거 2작은술
꿀 2큰술, 소금 약간, 후추 약간

1
2
3
4
5

HANNAH'S TIP

- 아기 이유식을 하고 남은 시금치를 사용해도 좋아요.
- 달걀 반숙이 싫으면 15분 정도로 푹 삶아주세요.
- 시금치는 부드러운 잎 부분만 사용해주세요.

소고기 표고버섯 양배추죽 | 중기 이유식

이유식을 만들 때는 소금, 간장, 후추 등 간을 하지 않아야 해요. 그래서 간혹 어떤 맛인지 맛을 보면 너무 맛이 없어서 아기에게 미안해질 때가 있지요. 버섯은 천연 조미료의 역할을 해서 감칠맛이 나기 때문에 아기들이 맛있게 먹을 수 있답니다.

이유식 만드는 방법

1. 불린 쌀과 육수 1/4컵을 믹서에 넣고 쌀알이 1/4 정도 크기가 되게 간다.
2. 쇠고기는 삶아서 사방 0.3cm 크기로 다진다.
3. 표고버섯과 적양배추는 2분 정도 데친 후, 사방 0.3cm 크기로 다진다.
4. 냄비에 1, 2, 3과 육수 1컵을 모두 넣고 주걱으로 저어가며 강한 불로 끓인다.
5. 죽이 끓기 시작하면 약한 불로 줄인 후, 주걱으로 저어가며 10분간 더 끓인다.

* 재료
불린 쌀 15g(1큰술)
쇠고기 15g(1큰술)
표고버섯 10g(2큰술)
적양배추 10g(1큰술)
육수(또는 물) 250cc(1과 1/4컵)

1

2

3

4, 5

HANNAH'S TIP

- 표고버섯은 밑동을 잘라내고 사용하는 것이 좋아요.
- 양배추는 부드러운 잎 부분만 사용하세요.

버섯샐러드 | 중기 다이어트

다양한 맛과 향을 지니고 있는 버섯은 기본 간만 하고 구워서 먹어도 맛있어요. 소금 간을 하나도 안 하고 먹는다면 더 좋겠지만, 너무 심심하게 느껴지면 약간의 소금 간만 해서 먹어보세요. 버섯 자체의 수분으로 기름 없이도 볶을 수 있으니, 기름은 최소한으로 사용하세요.

샐러드 만드는 방법

1. 표고버섯의 밑동을 잘라내고 0.4cm 두께로 채 썬다. 느타리버섯은 한입 크기로 손으로 찢고, 새송이버섯도 한입 크기로 썰어준다.
2. 양파와 쪽파를 0.2cm 크기로 다진다.
3. 팬에 올리브 오일을 두르고 양파가 투명해질 때까지 볶는다.
4. 양파가 투명해지면 양송이버섯을 넣고 볶다가 표고버섯, 느타리버섯과 소금, 후추를 약간 넣고 익을 때까지 3분간 볶아준다.
5. 드레싱 재료를 모두 넣고 믹서에 갈아 드레싱을 만든다.
6. 버섯이 다 볶아지면 드레싱을 넣고 버무려 그릇에 담고 다진 쪽파를 올려준다.

* **재료**
표고버섯 4개, 양송이버섯 4개
느타리버섯 100g, 양파 20g
쪽파 1줄기, 올리브 오일 약간
소금 약간, 후추 약간

바질 발사믹 식초 드레싱 재료
바질 1송이, 마늘 1쪽
잣 2작은술, 파마산 치즈 2큰술
올리브 오일 3큰술, 발사믹 식초 1큰술
소금 약간, 후추 약간

1

2

3

4

5

6

HANNAH'S TIP

- 양파는 약한 불에서 오래 볶으면 단맛이 나요.
- 드레싱 재료를 절구로 갈면 향이 더 좋아요.

닭고기 고구마 찹쌀죽 | 중기 이유식

닭 가슴살은 지방이 적고 단백질이 많아서 아기들 이유식 재료로 많이 쓰여요. 비타민B2가 많아서 근육 발달 및 성장 발육에도 좋답니다. 고구마는 영양분을 뿌리에 저장한 채소로 맛도 좋고 영양도 만점인 훌륭한 이유식 재료이지요. 닭고기와 고구마를 섞어 이유식을 만들면 담백하면서 달콤한 맛이 나서 아기들이 잘 먹어요.

이유식 만드는 방법

1. 불린 쌀과 육수 1/4컵을 믹서에 넣고 쌀알이 1/4 정도 크기가 되게 간다.
2. 닭 가슴살은 끓는 물에 3분 정도 삶아 사방 0.3cm 크기로 다진다.
3. 고구마는 10분 정도 삶아 사방 0.3cm 크기로 다진다.
4. 냄비에 1, 2, 3과 육수 1컵을 모두 넣고 주걱으로 저어가며 강한 불로 끓인다.
5. 죽이 끓기 시작하면 약한 불로 줄인 후, 주걱으로 저어가며 10분간 더 끓인다.

* 재료

불린 찹쌀 15g(1큰술)
닭 가슴살 15g(1큰술)
고구마 10g(1과 1/3큰술)
육수(또는 물) 250cc(1과 1/4컵)

1

2

3

4, 5

HANNAH'S TIP

- 호박고구마는 수분이 많아서 농도가 묽어지고, 밤고구마는 수분이 적어서 농도가 되어지는 특징이 있어요. 고구마의 종류에 따라 물의 양을 다르게 하는 것이 좋아요.
- 오래 익힌 닭 가슴살은 잘 찢어지지만 결대로 길게 찢어지기 때문에 곱게 다져주는 것이 좋아요.

고구마샐러드

중기 다이어트

고구마는 식이섬유 때문에 포만감이 들면서 맛도 좋은 식재료예요. 고구마는 익히면 더 단맛이 나기 때문에 간식으로도 좋아요. 브로콜리와 콜리플라워는 살짝만 익히는 것이 영양 손실을 줄이는 방법이니 살짝 데치기만 해서 사용하세요.

샐러드 만드는 방법

*** 재료**
고구마 1개
콜리플라워 1/4개
브로콜리 1/4개

두부 플레인 요거트 드레싱 재료
두부 1/4모
플레인 요거트 3큰술
꿀 1작은술
소금 약간
후추 약간

1. 고구마는 껍질을 벗기고 한입 크기로 썰어서 삶는다.
2. 콜리플라워, 브로콜리는 한입 크기로 썰어서 데친다.
3. 두부는 데쳐서 으깬 후 드레싱 재료와 섞는다.
4. 1의 고구마와 2의 콜리플라워, 브로콜리를 3의 드레싱에 버무린다.

1

2

3

4

HANNAH'S TIP

- 콜리플라워와 브로콜리는 모두 손질하여 한입 크기로 씻은 후 얼리면 편하게 사용할 수 있어요.
- 두부를 사용하고 남았을 때는 두부가 잠길 만큼 물에 담가 보관하면 오래 보관할 수 있어요.

쇠고기 채소죽 | 중기 이유식

쇠고기에는 단백질과 지용성 비타민 등 여러 영양소가 들어있어요. 하지만 쇠고기에 들어있는 철분이나 인, 유황 같은 무기질은 우리의 몸 안에서 산성 물질로 남는 것이 많기 때문에 알칼리성 식품인 채소와 함께 먹는 것이 좋아요. 이 시기에 아기는 호기심이 많아지면서 이유식을 먹는 동안에도 가만히 있지를 못해요. 이럴 때는 다양한 색깔의 채소를 이용해서 아기에게 색을 보는 즐거움을 주는 것도 좋은 방법이에요.

이유식 만드는 방법

1. 불린 쌀과 육수 1/4컵을 믹서에 넣고 쌀알이 1/4 정도 크기가 되게 간다.
2. 쇠고기와 당근은 삶아서 사방 0.3cm 크기로 다진다.
3. 애호박과 브로콜리는 2분 정도 데쳐서 사방 0.3cm 크기로 다진다.
4. 냄비에 1, 2, 3과 육수 1컵을 모두 넣고 주걱으로 저어가며 강한 불로 끓인다.
5. 죽이 끓기 시작하면 약한 불로 줄인 후, 주걱으로 저어가며 7분간 더 끓인다.

∗ 재료
불린 쌀 15g(1큰술)
쇠고기 안심 15g(1큰술)
당근 5g(1/2큰술)
애호박 10g(1큰술)
브로콜리 5g(1/2큰술)
육수(또는 물) 250cc(1과 1/4컵)

1

2

3

4, 5

- 아기가 먹어서 이상이 없었던 채소는 어떤 것을 넣어도 상관없어요.
- 채소죽은 다양한 채소를 한 번에 아기에게 먹일 수 있는 간편한 영양식이에요.

쇠고기 구운 채소샐러드 | 중기 다이어트

탄수화물을 줄이며 다이어트를 하다 보면 기력이 떨어질 때도 있어요. 특히 육아와 다이어트를 병행하다 보면 어지러움을 느끼는 경우도 있지요. 이럴 때는 단백질을 많이 먹어서 에너지를 보충해주는 것이 필요해요. 채소의 종류는 다양하게 하고, 고기는 기름이 적은 부위를 선택해서 요리해주세요.

샐러드 만드는 방법

*** 재료**
쇠고기 안심 100g
파프리카 1개, 애호박 1/4개
브로콜리 1/4개
가지 1/4개, 양파 1/2개

홈머스터드 오일 드레싱 재료
올리브 오일 2/3컵
화이트와인 비네거 1/3컵
꿀 1큰술, 레몬즙 1/2큰술
홈머스터드 1작은술
화이트와인 1작은술
소금 약간, 후추 약간

1. 쇠고기는 찬물에 담가 핏물을 뺀다.
2. 파프리카, 애호박, 브로콜리, 가지, 양파, 쇠고기는 먹기 좋은 크기로 썬다.
3. 홈머스터드 오일 드레싱에 **2**의 재료를 마리네이드 한다.
4. **3**의 채소와 **1**의 쇠고기를 그릴에 구운 후, 쇠고기는 먹기 좋게 썬다.
5. 채소를 건져낸 **3**의 드레싱을 끓여서 식힌 후 **4**에 뿌려준다.

1

2

3

4

5

HANNAH'S TIP

- 드레싱으로 발사믹 글레이즈를 곁들여도 좋아요.
- 너무 오래 익히면 채소의 식감이 사라지니까 씹는 맛이 날 정도로 살짝 익혀주세요.
- 애호박이나 당근을 필러로 얇게 밀어서 장식으로 사용해도 좋아요.

대구 시금치죽 | 중기 이유식

대구는 지방이 적고 비타민, 아미노산, 칼슘, 철분이 골고루 들어있는 음식이에요. 특히 비타민A와 비타민B1, 비타민B2가 많이 있어요. 시금치는 대구에 없는 섬유질과 비타민이 풍부해서 대구와 궁합이 좋답니다.
이유식은 아기의 첫 식습관을 형성하는 중요한 과정이에요. 아기를 쫓아다니면서 먹이지 말고 이유식을 할 때부터 한 곳에 앉아서 먹는 버릇을 들여주세요.

이유식 만드는 방법

1. 불린 쌀과 육수 1/3컵을 믹서에 넣고 쌀알이 1/4 정도 크기가 되게 간다.
2. 대구 살은 끓는 물에 5분간 데친 뒤 절구에 으깬다.
3. 시금치는 30초간 데친 후 찬물에 헹궈 물기를 짜고 사방 0.3cm 크기로 다진다.
4. 냄비에 1과 육수 1/3컵을 모두 넣고 강한 불로 끓인다.
5. 죽이 끓기 시작하면 약한 불로 줄인 후, 2의 대구 살, 3의 시금치 잎을 넣고 주걱으로 저어가며 10분간 더 끓인다.

*재료

불린 쌀 15g(1큰술)
대구살 15g(1큰술)
시금치 5g(소복하게 1큰술)
육수(또는 물) 85cc(2/5컵)

1

2

3

4, 5

HANNAH'S TIP

- 생선은 6개월이 지나서부터 먹일 수 있어요.
- 참치처럼 너무 큰 생선이나 민물고기는 피해 주세요.
- 생선은 찜통에 넣고 찌는 것도 좋아요.
- 다시마 육수를 사용해보세요.

대구 프라이샐러드 | 중기 다이어트

대구는 명절이나 제사를 지낼 때만 먹는다고 생각했는데 이유식을 만들면서 친숙해진 식재료예요. 명절 음식을 할 때처럼 전을 지지듯 구워낸 후, 샐러드 채소에 곁들이면 고소한 맛을 즐길 수 있어요. 다이어트를 하다 보면 튀긴 음식이 먹고 싶어질 때가 있는데 그때 먹으면 좋아요. 다만 대구 살은 너무 많이 먹지 않도록 해요.

샐러드 만드는 방법

1. 대구 살을 저민다.
2. 빵가루를 제외한 튀김옷 재료를 모두 섞어서 대구 살에 입힌다.
3. 대구 살에 빵가루를 묻혀 팬에 튀기듯 지져낸다.
4. 적양배추, 파프리카, 방울토마토, 블랙 올리브, 할라피뇨는 먹기 좋은 크기로 썬다.
5. **4**의 채소에 **3**의 대구 프라이를 올린다.
6. 사우전아일랜드 드레싱을 **5**의 샐러드에 곁들인다.

* 재료
대구 살 200g, 적양배추 1/2통
파프리카 1개, 방울토마토 6개
블랙 올리브 6개, 할라피뇨 4개

튀김옷 재료
전분 가루 5큰술, 우유 2큰술
달걀 1개, 마늘 가루 약간
빵가루 10큰술
소금 약간, 후추 약간

사우전아일랜드 드레싱 재료
홈메이드 마요네즈 3큰술
다진 양파 2큰술
다진 피클 1큰술, 꿀 1작은술
소금 약간, 후추 약간

1

2

3

4

5, 6

HANNAH'S TIP

- 밀가루보다 전분 가루를 이용하면 재료의 맛을 더 살릴 수 있어요.
- 에어 프라이기를 이용하면 기름 없이 튀길 수 있어요.
- 에어 프라이기를 사용할 때 스프레이로 기름을 살짝 뿌려주면 튀긴 느낌을 살릴 수 있어요.

쇠고기 현미 대추죽 | 중기 이유식

6개월 이후부터는 잡곡을 먹을 수 있어요. 흑미, 녹미처럼 다양한 쌀이 있기 때문에 여러 종류의 쌀을 먹여 보는 것이 좋아요. 현미는 구수한 맛이 나는 쌀이에요. 이런 잡곡 종류는 물에 충분히 불려서 이유식을 만들어야 아기가 소화를 시킬 수 있지요. 알레르기가 있는 체질을 개선해주고 해독 작용이 있는 현미를 섞어서 이유식을 만들어주면 더욱 좋답니다.

이유식 만드는 방법

1. 불린 현미와 육수 1/4컵을 믹서에 넣고 곱게 간다.
2. 쇠고기는 삶아서 사방 0.3cm 크기로 다진다.
3. 대추는 씨를 제거하고 끓는 물에 5분 정도 삶은 뒤 껍질을 제외한 과육만 체에 내린다.
4. 냄비에 **1, 2, 3**과 육수 1컵을 모두 넣고 주걱으로 저어가며 강한 불로 끓인다.
5. 죽이 끓기 시작하면 약한 불로 줄인 후, 주걱으로 저어가며 10분간 더 끓인다.

＊재료
불린 현미 15g(1큰술)
쇠고기 안심 20g(1과 1/3큰술)
대추 10g(1/2큰술)
육수(또는 물) 250cc(1과 1/4컵)

1

2

3

4, 5

HANNAH'S TIP

- 현미는 곱게 갈아서 사용해야 아기가 먹기 쉬워요.
- 현미 이외의 다른 쌀로 대체해도 좋아요.

현미 그린샐러드 | 중기 다이어트

현미는 식이섬유가 풍부하기 때문에 몸속에 독소가 쌓이는 것을 막아주고, 지방이 축적되는 것을 막아주기 때문에 비만을 예방하는 효과가 뛰어납니다. 특히, 포만감을 느끼게 하기 때문에 현미를 볶아서 샐러드와 곁들여 먹으면 훌륭한 다이어트 식단이 돼요.

샐러드 만드는 방법

＊재료
양상추 1/2통
치커리 1줌, 로메인 2장
방울토마토 3개
블랙 올리브 6개
볶은 현미 4큰술

허니베리 오일 드레싱 재료
허니베리 1/2컵
올리브 오일 2큰술
소금 약간, 후추 약간

1. 양상추, 치커리, 로메인은 한입 크기로 손으로 뜯어 찬물에 담갔다가 체에 밭쳐 물기를 뺀다.
2. 방울토마토는 반으로 자르고, 올리브는 저미어 **1**의 잎채소에 곁들인다.
3. 볶은 현미를 **2**의 샐러드에 뿌린다.
4. 드레싱 재료를 모두 섞어 샐러드에 뿌려준다.

1

2

3

4

HANNAH'S TIP

- 허니베리는 산딸기와 블루베리를 동량으로 섞어서 꿀과 1대 1로 재워 만들어주세요.
- 볶은 현미는 씹히는 맛이 고소하고 맛이 좋아요.
- 볶은 현미는 판매하는 것을 대량으로 구입해서 사용하면 편리해요.
- 볶은 현미는 시리얼처럼 먹을 수 있어요.

쇠고기 현미 밤 애호박죽 | 중기 이유식

현미는 백미보다 비타민E는 4배, 칼슘은 8배 높아요. 또한 식이섬유 함유량도 백미보다 월등히 높지요. 다만 소화하기 힘들기 때문에 충분히 불려서 먹이는 것이 좋아요. 밤은 탄수화물, 단백질, 칼슘, 비타민A, 비타민B, 비타민C가 풍부해서 아이들의 성장과 발육에 그만이지요.

이유식 만드는 방법

1. 불린 현미와 육수 1/4컵을 믹서에 넣고 곱게 간다.
2. 쇠고기는 삶아서 사방 0.3cm 크기로 다진다.
3. 밤과 애호박은 끓는 물에 넣고 3분 정도 삶은 후, 사방 0.3cm 크기로 다진다.
4. 냄비에 1, 2, 3과 육수 1컵을 모두 넣고 주걱으로 저어가며 강한 불로 끓인다.
5. 죽이 끓기 시작하면 약한 불로 줄인 후, 주걱으로 저어가며 10분간 더 끓인다.

＊재료
불린 현미 15g(1큰술)
쇠고기 20g(1과 1/3큰술)
밤 15g(2큰술)
애호박 10g(1큰술)
육수(또는 물) 250cc(1과 1/4컵)

1

2

3

4, 5

HANNAH'S TIP

- 애호박과 밤은 푹 익히면 잘 으깨지니 덩어리가 조금 커도 괜찮아요.
- 모유나 분유를 육수 대신 사용해도 좋아요.

애호박 토마토샐러드

중기 다이어트

다이어트를 하다 보면 밀가루로 만들어진 음식이 먹고 싶을 때가 있어요. 빵이나 스파게티 같은 음식의 유혹은 특히 강렬하지요. 이럴 때는 채소를 이용해서 면 대신 먹어보세요. 애호박은 살짝 간을 하면 실제 스파게티 면처럼 느껴질 만큼 흡사한 질감을 내지요. 신선한 맛이 가득한 드레싱과 함께 면이 먹고 싶을 때는 아주 좋은 메뉴랍니다.

샐러드 만드는 방법

1. 토마토, 파프리카, 양파는 깍둑썰기한다.
2. 블랙 올리브와 곶감은 씨를 빼준다.
3. 모든 소스 재료를 믹서에 넣고 갈아준다.
4. 애호박은 스피롤리를 이용해 면으로 뽑는다.
5. 4의 애호박은 천일염을 뿌린 후 숨이 살짝 죽으면, 소스를 담은 그릇에 애호박 면을 얹는다.

＊재료
애호박 2개
천일염 약간

소스 재료
토마토 2개, 파프리카 1/4개
양파 1/8개, 블랙 올리브 8알
곶감 1개, 건조 토마토 1컵
생 바질 8장, 생 오레가노 2~3줄기
올리브 오일 2작은술
소금 약간, 후추 약간

1

2

3

4

5

HANNAH'S TIP

- 토마토는 방울토마토로 대체 가능해요.
- 스피롤리가 없으면 필러로 밀어서 페투치니 면처럼 만들어주세요.

옥수수 단호박수프 | 중기 이유식

옥수수는 캔 옥수수보다는 생옥수수를 직접 삶거나 쪄서 만드세요. 캔 옥수수는 달아서 아기들이 좋아하지만 인공적인 단맛에 길들 수 있으니 되도록 피하는 것이 좋아요. 옥수수 껍질은 소화가 잘 안 되니 반드시 체에 내리거나 갈아서 사용해주세요.

이유식 만드는 방법

1. 옥수수는 삶아서 체에 곱게 내려 껍질을 제거한다.
2. 단호박은 씨를 제거하고, 10~15분 정도 삶아서 껍질을 벗기고 곱게 다진다.
3. 양파는 채를 썰어서 끓는 물에 삶은 후 곱게 다진다.
4. 냄비에 **1, 2, 3**과 모유 2/5컵을 모두 넣고 2분간 끓인다.

＊재료
옥수수 80g(1/2컵)
단호박 20g(2와 1/2큰술)
양파 15g(1과 1/2큰술)
모유(또는 분유) 80cc(2/5컵)

1

2

3

4

- 쌀이 들어가지 않는 수프는 간식으로도 좋아요.
- 으깨서 부드럽게 먹을 수 있는 다른 재료를 활용해 수프로 만들어보세요.

옥수수 단호박샐러드

중기 다이어트

이유식을 하지 않을 때는 보통 캔 옥수수를 먹었어요. 옥수수를 사서 찌거나 삶는 과정이 번거롭고, 보관하기에도 부피가 너무 커서 쉽게 손이 가는 식재료가 아니었지요. 그런데 이유식 때문에 옥수수를 직접 사다가 먹기 시작하면서 그 담백하고 고소한 맛과 포만감에 반했답니다. 그래서 알을 다 뜯어서 준비한 옥수수를 간식으로 즐겨 먹게 됐어요.

샐러드 만드는 방법

*재료
옥수수 150g, 단호박 1/2개
다진 양파 3큰술, 다진 피클 3큰술
건포도 1큰술, 다진 땅콩 2큰술
다진 캐슈너트 2큰술, 애플민트 한 장
꿀 1큰술, 소금 약간

1. 옥수수는 삶아서 체에 받친다.
2. 단호박은 껍질을 벗겨 한입 크기로 썬 뒤 찜통에 20분간 찐다.
3. 양파는 곱게 다져 소금에 살짝 절인 뒤 꼭 짠다.
4. 피클은 곱게 다져 꼭 짠다.
5. 볼에 **1**의 옥수수, **2**의 단호박, **3**의 양파, **4**의 피클에 건포도와 다진 땅콩, 다진 캐슈너트, 꿀을 함께 버무린 뒤 그릇에 담고 애플민트를 올린다.

1

2

3

4

5

HANNAH'S TIP

- 단호박은 따뜻할 때 버무려야 잘 으깨지고 다른 재료가 겉돌지 않아요.
- 견과류는 어떤 게 들어가도 상관없어요.
- 애플민트가 없으면 생략해도 좋아요.

브로콜리수프 | 중기 이유식

수프는 숟가락으로 떠서 먹일 수도 있지만, 컵에 담아서 주면 우유처럼 마실 수도 있어요. 컵에 먹는 연습을 할 때 모유, 우유, 수프를 담아주면 다양한 음식을 재미있게 먹는답니다. 이렇게 컵을 사용하다 보면 젖병을 스스로 떼는 경우도 있어요. 그러니 수프처럼 컵에 담아줄 수 있는 이유식을 할 때는 꾸준히 컵을 사용하는 연습을 시켜주세요.

이유식 만드는 방법

1. 감자는 껍질을 벗기고 삶아서 으깬다.
2. 브로콜리는 꽃 부분만 씻어서 끓는 물에 3분간 삶은 후 곱게 다진다.
3. 양파는 채를 썰어서 끓는 물에 삶은 후 곱게 다진다.
4. 냄비에 **1, 2, 3**과 모유 2/5컵을 모두 넣고 2분간 끓인다.

＊재료

감자 80g(2/3컵)
브로콜리 20g(2큰술)
양파 15g(1과 1/2큰술)
모유(또는 분유/물) 80cc(2/5컵)

1

2

3

4

HANNAH'S TIP

- 브로콜리 대신 콜리플라워로 대체할 수 있어요.
- 감자, 고구마, 단호박은 서로 대체할 수 있는 식재료예요.

브로콜리 토마토샐러드 | 중기 다이어트

토마토는 칼륨이 풍부해서 나트륨의 배출을 돕는 효과가 있어요. 아침에 몸이 붓는 게 걱정이라면 토마토를 많이 먹으면 좋아요. 또한, 토마토 9~11개가 밥 한 공기와 비슷할 정도로 칼로리가 낮기 때문에 다이어트를 할 때 토마토는 한 끼 식사로 매우 좋답니다.

샐러드 만드는 방법

1. 양파는 채 썰어서 올리브 오일을 두른 팬에 볶는다.
2. 브로콜리, 토마토, 베이컨은 한입 크기로 썰어 소금과 후추를 약간 넣고 팬에 볶는다.
3. 양상추, 루꼴라는 한입 크기로 손으로 뜯어 찬물에 담갔다가 건진다.
4. 접시에 양상추, 루꼴라를 담고 볶은 양파와 브로콜리, 감자, 베이컨을 올린다.
5. 오렌지는 즙을 내서 오렌지 오일 드레싱을 만든 후 **4**에 곁들인다.

＊재료

브로콜리 300g, 토마토 1/2개
양상추 1/3통, 루꼴라 2줄기
베이컨 10g, 블랙 올리브 6개
토마토 1개, 양파 1/2개
올리브 오일
소금 약간

오렌지 오일 드레싱 재료

오렌지 1/2개, 다진 양파 3큰술
다진 마늘 1큰술, 올리브 오일 3큰술
레몬즙 2큰술, 메이플 시럽 1큰술
소금 약간, 후추 약간

1

2

3

4

5

HANNAH'S TIP

- 드레싱을 만들 때는 100% 오렌지 주스를 사용해서 소스를 만들어도 돼요.
- 루꼴라는 키친타월을 물에 적셔서 싸 놓으면 오래 보관할 수 있어요.

메시 / 중기 간식

부드럽게 으깬 음식을 메시라고 해요.. 메시에는 전분이 있는 재료를 많이 사용하지만, 다른 재료를 사용해도 상관없어요. 두 가지 이상의 재료로 만들면 아기들이 다양한 맛을 즐길 수 있어요. 특히, 부드러운 질감 때문에 아기들이 잘 먹는 간식이에요.

● 밤 당근메시

* 재료
밤 80g(5/6컵), 당근 30g(3큰술)

1. 밤은 10분 정도 삶아서 으깬다.
2. 당근은 10분 정도 삶아서 으깬다.
3. 으깬 밤과 당근을 섞는다.

●●● 단호박 연두부메시

* 재료
단호박 80g(4/5컵), 연두부 30g(1과 1/2큰술)

1. 단호박은 10분 정도 삶아서 으깬다.
2. 연두부는 끓는 물에 30초 정도 데쳐서 으깬다.
3. 으깬 단호박과 연두부를 섞는다.

밤 당근메시 / 감자 완두콩메시

단호박 연두부메시 / 고구마 달걀노른자메시

●● 감자 완두콩메시

* 재료
감자 80g(2/3컵), 완두콩 30g(4큰술)

1. 감자는 10분 정도 삶아서 으깬다.
2. 완두콩은 10분 정도 삶아서 으깬다.
3. 으깬 감자와 완두콩을 섞는다.

●●●● 고구마 달걀노른자메시

* 재료
고구마 80g(1컵), 달걀노른자 30g(2개)

1. 고구마는 10분 정도 삶아서 으깬다.
2. 달걀은 12분 정도 삶은 후 노른자만 체에 내린다.
3. 으깬 고구마와 체에 내린 달걀을 섞는다.

주서기를 이용해서 과일 주스를 만들면 아기들이 잘 먹는 음료를 만들 수 있어요. 좋아하는 과일에 싫어하는 과일을 조금씩 섞어주면 싫어하는 과일도 먹일 수 있어서 영양의 조화를 맞추기 쉽답니다.

● 사과 오이주스

*** 재료**
사과 80g(5/6컵), 오이 30g(3과 1/2큰술)

1. 사과와 오이는 끓는 물에 30초 정도 데친다.
2. 데친 사과와 오이를 주서기에 넣고 즙을 낸다.

●●● 베이비 두유

*** 재료**
두부 50g(2와 1/2큰술), 모유(또는 분유) 100cc(1/2컵)
볶은 콩가루 4g(1/2큰술)

1. 두부는 끓는 물에 30초 정도 데친다.
2. 모유에 데친 두부와 볶은 콩가루를 넣고 갈아준다.

●● 배 시금치주스

*** 재료**
배 80g(2/3컵), 시금치 30g(5/6컵)

1. 배와 시금치는 끓는 물에 30초 정도 데친다.
2. 데친 배와 시금치를 주서기에 넣고 즙을 낸다.

●●●● 베이비 두유 자두라떼

*** 재료**
자두 30g(1과 2/3큰술), 베이비 두유 85cc(2/5컵)

1. 자두는 껍질을 벗기고 적당한 크기로 썬다.
2. 자두와 베이비 두유를 곱게 갈아준다.

Part.3

Part.3
아기 후기 이유식 &
엄마 후기 다이어트

완두콩 애호박진밥 | 후기 이유식

완두콩은 위에 좋기 때문에 속이 안 좋고 울렁거릴 때 먹으면 효과가 있어요. 다만, 미량의 청산이 들어있기 때문에 하루에 40g 이상은 먹이지 않는 것이 좋아요.
식재료 고유의 맛에 익숙해지고 올바른 식습관이 생길 때까지 아기의 음식은 간을 하지 말아주세요.

이유식 만드는 방법

1. 완두콩은 하루 정도 물에 담가 불린 후, 껍질을 벗겨 절구에 넣고 으깬다.
2. 애호박은 손질하여 0.4cm 크기로 다진다.
3. 냄비에 육수를 붓고 **1, 2**와 분량의 육수를 모두 넣고 주걱으로 저어가며 5분간 끓인다.
4. **3**에 진밥을 넣고 약한 불로 줄인 후, 주걱으로 저어가며 3분간 더 끓인다.

* 재료

진밥 50g(3과 1/3큰술)
완두콩 15g(1과 1/3큰술)
애호박 10g(1큰술)
육수(또는 물) 100cc(1/2컵)

1

2

3

4

HANNAH'S TIP

- 완두콩은 칼등으로 눌러서 거칠게 으깨도 괜찮아요.
- 어른 밥을 할 때 조금 질게 해서 아기 이유식을 만들 때 사용하면 편리해요.

애호박 파스타샐러드

| 후기 다이어트

개인적으로 애호박을 참 좋아해서 볶아서 먹고, 부쳐서 먹고, 갈아서도 먹어요. 애호박은 이뇨 작용에 좋기 때문에 몸속에 있는 독소를 배출시키는 데도 효과가 있지요. 또한, 다이어트를 하면서 속이 쓰리거나 위가 아플 때 애호박을 같이 먹으면 위산 과다를 막아주고, 속 쓰림을 예방할 수 있어요. 다이어트를 할 때 신물이 올라오면 애호박을 먹어보세요.

샐러드 만드는 방법

1. 드레싱 재료를 모두 믹서에 갈아서 팬에 끓인다.
2. 소금과 올리브 오일을 약간 넣은 물에 푸실리를 10분간 삶은 후, 체에 밭쳐 물기를 뺀다.
3. 양파는 채 썰고 애호박과 가지는 반달 모양으로 썰어서 마리네이드한다.
4. 팬을 달궈서 **3**의 양파, 애호박, 가지를 굽는다.
5. **2**의 푸실리, **4**의 양파, 애호박, 가지를 **1**의 드레싱에 버무려서 파마산 치즈 가루를 뿌린다.

*재료
애호박 1/3개, 가지 1/2개
블랙 올리브 5개, 방울토마토 10개
푸실리 1컵, 양파 1/2개, 마늘 2개
파마산 치즈 가루 약간
올리브 오일 2큰술, 소금 약간

마리네이드 재료
바질 약간, 올리브 오일 2큰술
파마산 치즈 가루 약간, 소금 약간, 후추 약간

방울토마토 올리브 오일 드레싱 재료
방울토마토 15개, 마늘 1개
올리브 오일 1큰술, 레몬즙 1큰술
아가베시럽 2큰술, 바질 1작은술
오레가노 1작은술, 소금 약간, 후추 약간

1

2

3

4

5

HANNAH'S TIP

- 채소를 미리 마리네이드 해 놓으면 맛이 더 좋아요.
- 푸실리는 드레싱에 버무려서 보관하면 코팅이 되어서 쉽게 붇지 않아요.

단호박 찹쌀진밥

| 후기 이유식

찹쌀은 찰기가 있기 때문에 다른 이유식보다 포만감을 더 오래 느껴요. 밥의 진 정도는 아기가 좋아하는 정도에 따라 다르게 해주세요. 아기가 잘 먹는 게 알맞은 정도예요. 또한, 아기의 발달 상황과 선호 정도에 따라서 이유식을 조절해주세요.

이유식 만드는 방법

1. 단호박과 당근은 껍질을 벗기고 10분 정도 삶아서 0.4cm 크기로 다진다.
2. 표고버섯은 밑동을 제거하고 0.4cm 크기로 다진다.
3. 냄비에 **1, 2**와 분량의 육수를 넣고 강한 불로 끓인다.
4. **3**이 끓기 시작하면 약한 불로 줄인 후, 찹쌀 진밥을 넣고 주걱으로 저어가며 5분간 더 끓인다.

* 재료

찹쌀 진밥 50g(3과 1/3큰술)
단호박 20g(2와 1/2큰술)
당근 10g(1큰술)
표고버섯 10g(2큰술)
육수(또는 물) 100cc(1/2컵)

1

2

3

4

HANNAH'S TIP

- 제거한 표고버섯의 밑동은 얼렸다가 육수를 낼 때 사용하면 좋아요.
- 당근이나 단호박처럼 오래 익혀야 하는 것을 먼저 넣고 끓이다가 무른 재료를 넣고 끓여주세요.

단호박 견과류샐러드

후기 다이어트

견과류에는 불포화지방산과 미네랄, 비타민A, 비타민B1, 비타민E가 풍부하기 때문에 피부 노화를 예방하는 데 효과적이에요. 특히 견과류에 들어있는 불포화지방산은 혈액 순환에 좋기 때문에 피부를 보호하면서 피부 세포도 활성화시켜주는 효과가 있어요. 피부 미용, 노화 방지, 성인병 예방에도 좋은 견과류는 30대 이후의 여성들에게 필수 식품이에요.

샐러드 만드는 방법

* 재료
단호박 1/4개, 로메인 2장
꽃상추 4장, 치커리 1줌
잣 1큰술, 캐슈너트 1큰술
블루베리 1큰술, 산딸기 1큰술

블루베리 요거트 드레싱 재료
아가베시럽 4큰술
플레인 요거트 3큰술
다진 캐슈너트 1/2큰술
다진 땅콩 1/2큰술
냉동 블루베리 1큰술
잣 1큰술

1. 단호박은 속의 씨를 제거한 후 반달 모양으로 썬다.
2. 단호박에 소금, 후추, 올리브 오일을 뿌린 후 그릴에 구워 한입 크기로 자른다.
3. 로메인, 꽃상추, 치커리는 찬물에 씻은 후 한입 크기로 뜯어 체에 밭쳐 물기를 뺀다.
4. 잣과 캐슈너트는 달군 팬에서 색이 날 때까지 볶는다.
5. 그릇에 준비된 채소를 깔고 그 위에 구워진 단호박, 블루베리, 산딸기와 견과류를 올리고 드레싱을 곁들인다.

1

2

3

4

5

HANNAH'S TIP

- 단호박을 그릴에 구울 때 시간이 오래 걸린다면 찜기에 미리 쪄서 얼렸다가 바로 사용해도 좋아요.
- 블루베리, 산딸기같이 특정 계절에만 구할 수 있는 재료는 다른 과일로 대체할 수 있어요.

소고기 미역진밥 | 후기 이유식

미역은 칼슘과 철분, 엽산 등이 풍부해 아기의 성장 발육에 좋은 음식이에요. 이런 미역을 쇠고기와 함께 섞어 이유식을 만들어주면 아기들이 특히 잘 먹는답니다.
후기 이유식을 시작하면 아기가 꽤 큰 덩어리도 스스로 으깨며 먹을 수 있어요. 다만 너무 질기거나 섬유질이 많은 식재료는 미리 잘게 다져서 주는 것이 좋아요.

이유식 만드는 방법

* 재료

진밥 50g(3과 1/3큰술)
쇠고기 25g(1과 2/3큰술)
미역 15g(1큰술)
두부 10g(2작은술)
육수(또는 물) 100cc(1/2컵)

1. 쇠고기는 찬물에 30분 정도 담가 핏물을 뺀 다음 끓는 물에 삶아 0.4cm 크기로 다진다.
2. 미역은 물에 불린 후 0.4cm 크기로 다진다.
3. 두부는 살짝 데쳐서 0.4cm 크기로 다진다.
4. 냄비에 진밥 그리고 **1, 2, 3**과 분량의 육수를 모두 넣고 강한 불로 끓인다.
5. **4**가 끓기 시작하면 약한 불로 줄인 후, 주걱으로 저어가며 3분간 더 끓인다.

1

2

3

4, 5

HANNAH'S TIP

- 쇠고기를 끓이는 과정에서 거품이 생긴다면 거품은 걷어주세요.
- 미역은 눈대중으로 불리면 생각보다 많은 양을 불리게 되니 주의하세요.

쇠고기 미역 월남쌈

| 후기 다이어트

미역은 산후 조리를 하면서 질리도록 먹었지만 아직도 부엌 어딘가에 있는 식재료예요. 건조 미역이기 때문에 오래 놔 둬도 좋다고 하지만 아무래도 빨리 먹는 게 좋지요. 저는 미역으로 샐러드를 만들어 먹었어요. 해산물이 들어간 샐러드 는 많이 먹지만 해조류를 이용한 샐러드는 조금 생소해요. 하지만 미역은 몸 안의 중금속을 배출시키고 피를 맑게 해주 는 효과가 있기 때문에 많이 먹으면 좋답니다.

다이어트 음식 만드는 방법

1. 라이스페이퍼를 찬물에 불려 준비한다.
2. 미역은 물에 불린다.
3. 쇠고기 안심은 끓는 물에 삶아서 6cm 길이로 채 썬다.
4. 파프리카, 사과, 배는 6cm 길이로 채 썬다.
5. 라이스페이퍼를 깔고 그 위에 미역, 쇠고기, 사과, 배 순으로 놓고 말아준다.
6. 드레싱 재료를 모두 섞어 곁들인다.

＊재료
쇠고기 안심 150g
불린 미역 100g
파프리카 1/4개, 사과 1/4개
배 1/4개, 라이스페이퍼 8장

청양고추 피시소스 드레싱 재료
다진 청양고추 2큰술
피시소스 2큰술
레몬즙 3큰술
아가베시럽 2큰술

1

2

3, 4

5

6

HANNAH'S TIP

- 미역 대신 다른 해조류를 사용해도 좋아요.
- 땅콩소스를 만든다면 시판되는 땅콩소스에 사이다를 1대 1로 넣어서 섞어주면 쉽게 만들 수 있어요.
  단, 땅콩 소스는 열량이 높기 때문에 다이어트에는 적합하지 않아요.

두부 팽이버섯진밥 | 후기 이유식

콩은 소화가 잘 안 되는 음식이지만, 두부처럼 가공을 하면 소화 흡수를 더욱 좋게 할 수 있어요. 특히 두부는 성장, 발육, 신진대사에 꼭 필요한 필수아미노산, 필수지방산, 칼슘이 풍부한 영양식이지요. 또한, 팽이버섯은 면역력을 높여준답니다.

이유식 만드는 방법

1. 두부는 끓는 물에 30초 정도 데쳐서 으깬다.
2. 팽이버섯은 끓는 물에서 30초 정도 살짝 데친 후, 비타민, 적양배추와 함께 0.4cm 크기로 다진다.
3. 냄비에 **1**, **2**와 분량의 육수를 모두 넣고 강한 불로 끓인다.
4. **3**이 끓기 시작하면 약한 불로 줄인 후, 진밥을 넣고 주걱으로 저어가며 3분간 더 끓인다.
5. **4**에 비타민을 넣고 주걱으로 저어가며 5분간 더 끓인다.

* 재료

진밥 50g(3과 1/3큰술)
두부 20g(1과 1/2큰술)
팽이버섯 10g(1과 1/3큰술)
비타민 10g(3큰술)
적양배추 5g(1큰술)
육수(또는 물) 100cc(1/2컵)

1

2

3

4

5

HANNAH'S TIP

- 무르기 쉬운 채소는 마지막에 넣고 끓여주세요.
- 아기가 좋아하는 식재료는 크게 썰어도 좋지만, 싫어하는 식재료가 있다면 잘게 다져서 숨겨주는 것도 좋은 방법이에요.

과일 청경채샐러드

후기 다이어트

시트러스 계열의 과일은 비타민이 풍부하게 들어 있는 것이 특징이에요. 그중 오렌지, 레몬, 자몽에는 비타민C가 많이 함유되어 있어서 피부를 좋게 해주고 미백에도 효과가 있지요. 그중에 자몽은 특유의 떫고 씁쓸한 맛 때문에 좋아하는 사람이 많지 않지만, 지방을 분해해주는 효과가 있어요. 자몽을 넣어서 샐러드를 만들면 다이어트에 효과가 좋답니다.

샐러드 만드는 방법

1. 오렌지와 자몽, 레몬은 과육만 잘라서 준비한다.
2. 청경채는 찬물에 담가 두었다가 체에 밭쳐 물기를 뺀 뒤 한입 크기로 뜯는다.
3. 파프리카와 양파는 0.3cm 두께로 얇게 썰고, 양파는 찬물에 담가 매운맛을 뺀다. 살라미는 한입 크기로 썬다.
4. 두부는 데쳐서 물기를 짠 다음, 다진 바질 잎과 소금, 후추를 넣고 부드럽게 간다.
5. 시트러스 드레싱 재료를 모두 섞는다.
6. 1, 2, 3을 모두 섞어서 시트러스 드레싱에 버무린 후, 두부 페이스트를 곁들인다.

＊재료
오렌지 1/2, 자몽 1/2
레몬 1/4, 청경채 50g
노란 파프리카 20g, 양파 20g
살라미 2장

두부 페이스트
두부 50g, 바질 5장
소금 약간, 후추 약간

시트러스 드레싱 재료
오렌지즙 3큰술, 자몽즙 3큰술
레몬즙 3큰술, 올리브 오일 1큰술
소금 약간, 후추 약간

1

2

3

4

5

6

HANNAH'S TIP

- 시트러스 계열의 과일은 휘발성이 좋기 때문에 향이 많이 나요. 방향제처럼 말려서 사용해도 좋답니다.
- 잘 닦은 시트러스 계열의 과일 껍질은 차로 끓여 먹어도 좋아요. 말린 껍질과 다른 허브를 섞어서 차로 마셔보세요.

청경채 옥수수진밥 | 후기 이유식

이유식을 하면서 다양한 식재료를 사용하면 완성된 이유식의 색이 알록달록해져요. 그렇게 아기에게 여러 가지 색의 음식을 보고 맛보게 할 수 있지요. 초록색과 노란색이 어우러진 청경채 옥수수진밥은 색깔 때문인지 아기들이 맛있게 먹는 이유식 중 하나예요.

이유식 만드는 방법

1. 옥수수는 삶은 후 분량만큼의 알을 떼어내 절구에 으깬다.
2. 완두콩은 하루 정도 물에 불린 후, 껍질을 벗겨 절구에 넣고 으깬다.
3. 청경채와 양송이버섯은 데쳐서 0.4cm 크기로 다진다.
4. 냄비에 **1**, **2**와 **3**의 양송이버섯, 분량의 육수를 넣고 강한 불로 끓인다.
5. **4**가 끓기 시작하면 약한 불로 줄인 후, 진밥을 넣고 주걱으로 저어가며 3분간 더 끓인다.
6. **5**에 청경채를 넣고 주걱으로 저어가며 5분간 더 끓인다.

* 재료

진밥 50g(3과 1/3큰술)
청경채 20g
옥수수 15g(1과 1/2큰술)
완두콩 10g(1큰술)
양송이버섯 5g(1큰술)
육수(또는 물) 100cc(1/2컵)

1

2

3

4

5

6

HANNAH'S TIP

- 통조림 옥수수와 완두콩은 당도가 너무 높기 때문에 쓰지 않는 것이 좋아요.
- 죽이 아니고 진밥이기 때문에 물의 양은 밥의 상태를 보며 조절해주세요. 물이 너무 많이 넣으면 죽이 되어버리니 주의하세요.

참치 옥수수샐러드

후기 다이어트

참치 캔은 다이어트를 하는 식단에 자주 등장하는 식재료예요. 기름이 많고 다이어트 식품이라고 하기에는 칼로리가 높은 게 사실이지만, 고단백질 식품이기 때문에 포만감이 높아요. 또한, 닭 가슴살보다 단백질량이 더 많기 때문에 운동을 하면서 근육을 만들 때 먹으면 좋아요.

샐러드 만드는 방법

1. 참치는 데치고 옥수수는 삶아서 체에 밭쳐 물기를 뺀다.
2. 피클, 당근, 셀러리, 양파는 0.3cm의 두께로 다진다.
3. 당근, 셀러리, 양파를 넣고 소금에 살짝 절인다.
4. 피클, 당근, 셀러리, 양파는 면포로 물기를 짠다.
5. 올리브 오일을 제외한 마요네즈 재료를 믹서에 섞다가 올리브 오일을 조금씩 나눠서 섞는다.
6. 5에 참치와 옥수수, 홈메이드 마요네즈를 넣고 버무린 뒤 그릇에 담는다.

*재료
참치 100g, 옥수수 40g
피클 30g, 당근 30g
셀러리 30g, 양파 30g
홈메이드 마요네즈 3큰술
소금 약간, 후추 약간

홈메이드 마요네즈 드레싱 재료
올리브 오일 1/3컵, 레몬 주스 3큰술
화이트와인 비네거 1큰술
달걀노른자 2개
디종머스터드 1/4작은술
소금 약간, 후추 약간

1

2

3

4

5

6

HANNAH'S TIP

- 참치는 잘게 찢어야 쉽게 버무릴 수 있어요.
- 피클은 피자를 시켜 먹고 남았던 것을 모아서 사용해도 좋아요.
- 홈메이드 마요네즈는 만들어서 일주일 안에 먹어주세요.

들깨 새우진밥

| 후기 이유식

아기가 간혹 아프고 나면 갑자기 이유식 먹는 양이 줄고 다시 우유를 먹으려고 하는 때가 있어요. 그럴 때는 입맛이 돌 수 있게 별식을 만들어주면 좋아요. 참기름이나 들기름을 직접 음식에 넣는 것보다 들깨나 참깨를 바로 갈아서 사용하면 고소한 향 때문에 이유식을 잘 먹기도 하니 한번 시도해보세요.

이유식 만드는 방법

1. 새우는 머리를 떼어내고 껍질을 벗긴 뒤 등 쪽에 있는 내장을 제거하고 사방 0.4cm 크기로 다진다.
2. 양파와 가지는 사방 0.4cm 크기로 다진다.
3. 냄비에 **1, 2**와 분량의 육수를 넣고, 주걱으로 저어가며 약한 불로 3분간 끓인다.
4. **3**에 진밥과 들깻가루를 넣고, 주걱으로 저어가며 강한 불로 5분간 더 끓인다.

* 재료

진밥 50g(3과 1/3큰술)
새우 20g(2큰술)
양파 15g(1과 1/2큰술)
가지 15g(1과 1/2큰술)
들깻가루 10g(1과 1/3큰술)
육수(또는 물) 100cc(1/2컵)

1

2

3

4

HANNAH'S TIP

- 아기가 깨의 고소한 맛에 길들면 기름진 음식을 좋아하게 될 수 있으니 너무 자주 먹이지 않게 주의하세요.
- 들깨의 강한 향을 싫어하는 아기들도 있어요. 처음에는 조금만 사용해서 아기의 반응을 살펴보세요.
- 알레르기가 생길 수 있기 때문에 새우와 깨는 돌이 지나고 먹이는 것이 좋아요.

들깨 새우샐러드

후기 다이어트

들깨에는 비타민E와 비타민F가 들어있어 피부를 아름답게 가꿔주는 효과가 있어요. 특히 산후에 머리카락이 많이 푸석푸석해지는데 이럴 때 들깨를 먹어주면 머리카락의 윤기를 되찾는 데 좋답니다. 시집가기 전에는 들깨 차를 먹는다는 말이 있을 정도로 들깨는 피부를 아름답게 가꿔주는 역할을 해요. 들깨를 가루로 만들지 않고 그대로 씹어 먹으면 변비에도 좋아요.

샐러드 만드는 방법

1. 표고버섯은 밑동을 제거한 후 채 썰고, 양파는 굵게 다진다.
2. 양상추와 로메인은 한입 크기로 뜯어서 찬물에 담갔다가 건진다.
3. 달군 팬에 올리브 오일을 두르고 양파를 볶다가 버섯을 넣고 소금, 후추로 간을 한다.
4. 새우는 내장을 제거하고 손질하여 살짝 데친 후 3의 양파, 버섯과 함께 볶아서 접시에 담아 드레싱을 곁들인다.

* 재료

새우 4마리, 표고버섯 2개
양파 1/2개, 양상추 5장
로메인 2장, 올리브 오일 3큰술
소금 약간, 후추 약간

들깨 드레싱 재료

들깨 3큰술, 간장 1큰술
레몬즙 2큰술
다진 레몬 껍질 2작은술
아가베시럽 2큰술
소금 약간, 후추 약간

1

2

3

4

HANNAH'S TIP

- 들깨는 미리 갈아서 오래 보관하면 냄새가 날 수 있기 때문에 필요할 때 바로 갈아서 먹는 게 좋아요.
- 표고버섯 밑동을 말려서 가루로 만들면 천연 조미료로 사용할 수 있어요.

소고기 숙주진밥 | 후기 이유식

숙주는 섬유소가 풍부하고 지방대사에 관여하는 비타민B2가 들어 있어요.
아기가 다른 것에 열중해 있을 때, 혹은 먹고 싶지 않은데 억지로 먹이면 아기는 스스로 음식을 먹고 싶은 의지가 사라질 수 있답니다. 그러니 아기가 배가 고파서 스스로 먹겠다고 입을 열 때까지 인내심을 가지고 기다려주세요.

이유식 만드는 방법

1. 쇠고기는 찬물에 30분 정도 담가 핏물을 뺀 다음, 끓는 물에 삶아 사방 0.4cm 크기로 다진다.
2. 숙주, 무, 양파는 0.4cm 크기로 다진다.
3. 냄비에 **1, 2**와 분량의 육수를 넣고 강한 불에서 주걱으로 저어가며 3분간 끓인다.
4. **3**에 진밥을 넣고, 주걱으로 저어가며 약한 불로 3분간 더 끓인다.

* **재료**

진밥 50g(3과 1/3큰술)
쇠고기 안심 25g(1과 2/3큰술)
숙주 10g(1큰술)
무 10g(1큰술)
양파 5g(1/2큰술)
육수(또는 물) 100cc(1/2컵)

1

2

3

4

HANNAH'S TIP

- 이유식용 쇠고기는 안심이 가장 좋아요.
- 숙주는 콩나물로 대체해도 좋아요.

쇠고기 토마토샐러드

| 후기 다이어트

육류를 섭취할 때 토마토를 같이 먹으면 육류의 산성을 중화시키며 소화 작용을 도와요. 그러니 고기를 먹을 때 익힌 토마토를 곁들이는 것이 바람직한 식습관이지요. 또한, 토마토에 함유된 펙틴 성분은 콜레스테롤의 흡수를 감소시켜 콜레스테롤이 체내에 쌓이는 것을 줄이는 작용을 해요.

샐러드 만드는 방법

1. 쇠고기 안심은 사방 2cm 크기로 썬다.
2. 대추토마토는 꼭지를 떼어내 이등분한다.
3. 시금치는 찬물에 씻고 줄기를 떼어낸다.
4. 양파는 0.3cm 두께로 채 썰고, 애호박은 0.3cm 두께로 어슷하게 썬다.
5. 팬에 올리브 오일을 두르고 양파와 애호박을 볶다가 쇠고기를 넣고 소금과 후추를 약간 넣고 볶는다.
6. 쇠고기가 반 정도 익으면 드레싱 재료와 대추토마토, 시금치를 넣고 완전히 익을 때까지 볶는다.

＊재료

쇠고기 안심 150g
대추토마토 8알
시금치 40g, 애호박 70g
적양파 1/4개
올리브 오일 약간
소금 약간, 후추 약간

레드와인 드레싱 재료

간장 2큰술, 참기름 1큰술
다진 양파 2큰술, 다진 쪽파 1큰술
다진 마늘 1큰술, 레드와인 1큰술
와사비 1작은술

1

2

3

4

5

6

HANNAH'S TIP

- 대추토마토가 토마토보다 단맛이 더 강하기 때문에 단맛을 내고 싶을 때는 대추토마토를 사용하세요.
- 토마토는 불에 살짝 구우면 껍질이 잘 벗겨져요.

고구마 채소진밥

후기 이유식

고구마는 항암 효과가 높고 비타민 C가 풍부해요. 또한, 익혔을 때 다른 채소보다 영양분의 파괴가 적어요. 섬유질, 탄수화물, 칼륨, 칼슘과 미네랄, 비타민도 풍부해서 아기들뿐 아니라 성인들에게도 좋은 식품이지요.

이유식 만드는 방법

1. 고구마는 찐 후 껍질을 벗겨 0.4cm 크기로 다진다.
2. 손질한 양배추와 껍질 벗긴 비트는 0.4cm 크기로 다진다.
3. 냄비에 1, 2와 진밥을 넣고 주걱으로 저어가며 강한 불로 5분간 끓인다.
4. 3을 약한 불로 줄인 후, 주걱으로 저어가며 1분간 더 끓인다.
5. 마지막에 김 가루를 부숴 넣는다.

＊재료

진밥 50g(3과 1/3큰술)
고구마 15g(2큰술)
양배추 10g(2큰술)
비트 10g(1과 1/2큰술)
김 가루 1g
육수(또는 물) 1/2컵(100cc)

1

2

3, 4

5

HANNAH'S TIP

- 양배추는 질긴 심 부분을 제거하고 사용하세요.
- 김 가루는 바짝 구운 뒤, 랩으로 싸서 손으로 부수면 쉽게 부술 수 있어요.

메시고구마 리코타 치즈샐러드

후기 다이어트

대표적인 단백질 식품으로 치즈를 꼽을 수 있는데 다른 식품들과 비교했을 때 칼로리와 탄수화물 함량이 낮으며 단백질 함량이 높은 고단백질 식품이에요. 리코타 치즈같이 집에서 직접 만들어 먹는 치즈는 신선하고 그 맛이 담백해요. 그래서 다이어트를 하는 주부들이 간단하게 만들어 먹기 좋지요.

샐러드 만드는 방법

***재료**
고구마 2개, 리코타 치즈 50g
크랜베리 1/2컵, 피스타치오 1큰술
꿀 1/2작은술, 계피가루 1/4작은술

리코타 치즈 재료
우유 200ml, 생크림 100mL
요거트 40ml, 레몬즙 1큰술
식초 1/4작은술, 소금 약간

1. 고구마는 껍질을 벗기고 썰어 끓는 물에 푹 삶아 체에 곱게 내린다.
2. 크랜베리는 물에 불린 후 물기를 제거하고 피스타치오는 껍질을 벗겨 잘게 다진다.
3. 볼에 **1**의 고구마와 **2**의 크랜베리, 피스타치오와 꿀을 넣고 골고루 섞어준다.
4. **3**에 리코타 치즈 25g을 넣어 섞은 후 그릇에 담고, 다진 피스타치오와 남은 리코타 치즈를 올린다.

1

2

3

4

〈리코타 치즈 만드는 법〉
1. 냄비에 분량의 우유, 생크림, 요거트를 넣고 중불에서 끓인다.
2. 우유 테두리에 거품이 약간 생기면 소금과 식초를 넣어 우유가 응고될 때까지 약 20분 정도 있다가 면보에 거른다.

소고기 양송이진밥 | 후기 이유식

양송이버섯은 버섯 중에 단백질 함량이 가장 뛰어나요. 칼로리가 낮고 섬유소와 수분이 풍부해서 포만감을 주지요. 트립신, 아밀라아제, 프로테아제 등의 소화 효소가 들어있어 소화기능 장애를 예방해준답니다.
아기가 처음에는 잘 받아먹다가 어느 순간 숟가락을 치워버리거나 고개를 돌린다면 이제 그만 먹고 싶다는 신호예요. 그때는 억지로 먹이지 말고 그만 먹이는 것이 좋아요.

이유식 만드는 방법

1. 쇠고기는 찬물에 30분 정도 담가 핏물을 뺀 다음, 끓는 물에 삶아 사방 0.4cm 크기로 다진다.
2. 양송이버섯은 밑동을 제거하고 껍질을 벗겨서 0.4cm 크기로 썬다.
3. 냄비에 **1, 2**와 분량의 육수를 넣고, 주걱으로 저어가며 강한 불로 5분간 끓인다.
4. 약한 불로 줄인 후, 진밥과 달걀노른자를 넣고 주걱으로 저어가며 2분간 더 끓인다.

* 재료
진밥 50g(3과 1/3큰술)
쇠고기 15g(1큰술)
양송이버섯 10g(2큰술)
양파 5g(1/2큰술)
달걀노른자 1개
육수(또는 물) 100cc(1/2컵)

1

2

3

4

HANNAH'S TIP

- 버섯이나 양파는 다른 재료로 대체해도 좋아요.

쇠고기 살구플래터

| 후기 다이어트

살구는 칼로리가 낮고 리코펜 성분이 풍부해서 피부 미용에 좋아요. 피부를 맑고 깨끗하게 만들어주기 때문에 여성들이 먹으면 좋은 과일이지요. 다만 비타민C가 적게 들어 있어 단독으로 먹는 것보다 오렌지나 레몬처럼 비타민C가 많은 과일과 함께 먹는 것이 좋답니다.

다이어트 음식 만드는 방법

1. 살구는 반으로 썰고 레드와인, 아가베시럽을 넣고 졸이다가 나머지 드레싱 재료를 넣고 끓인다.
2. 적양파는 채 썰어준다.
3. 로메인은 한입 크기로 썰어서 찬물에 헹군 후 체에 밭쳐 물기를 뺀다.
4. 살구는 반으로 썰어서 소금, 후추, 올리브 오일에 재운 후 팬에 노릇하게 굽는다.
5. 쇠고기 안심은 1cm로 저미 말린 로즈메리, 소금, 후추, 올리브 오일에 재워서 그릴에 굽는다.
6. 접시에 **2**의 양파, **3**의 로메인, **5**의 쇠고기 안심을 담고 **1**의 드레싱을 곁들인다.

*재료
쇠고기 안심 100g
살구 2개, 로메인 4장
적양파 1/4개
올리브 오일 1큰술
말린 로즈메리 약간
소금 약간, 후추 약간

살구 레드와인 드레싱 재료
살구 1개, 레드와인 1컵
아가베시럽 2큰술
홀머스터드 1작은술
레몬즙 2큰술, 올리브 오일 1큰술
소금 약간, 후추 약간

1

2

3

4

5

6

HANNAH'S TIP

- 살구 대신 복숭아를 사용해도 좋아요.
- 쇠고기를 마리네이드할 때 사용하는 허브는 다른 것으로 대체할 수 있어요.
- 살구는 쉽게 물러지기 때문에 냉장 보관해주세요.

대구 살 무진밥 | 후기 이유식

무는 소화 촉진과 해독 기능을 해요. 무에 들어 있는 전분 분해 효소는 음식의 소화 흡수를 촉진하지요. 또한, 식물성 섬유소가 많이 들어 있어서 장내의 노폐물을 청소하는 역할도 한답니다. 생선을 먹이는 것은 돌 전후로 아이의 반응을 살펴가며 시작해주세요.

이유식 만드는 방법

1. 대구 살은 끓는 물에 5분간 데친 뒤, 사방 0.4cm 크기로 다진다.
2. 무, 양파, 당근은 사방 0.4cm 크기로 다진다.
3. 흑임자는 손절구로 곱게 간다.
4. 냄비에 **1, 2**와 육수를 모두 넣고, 주걱으로 저어가며 강한 불로 3분간 끓인다.
5. **4**에 진밥을 넣고 약한 불로 줄인 후, 주걱으로 저어가며 5분간 더 끓이다 **3**의 흑임자를 넣는다.

* 재료

진밥 50g(3과 1/3큰술)
대구 살 20g(1과 1/3큰술)
무 15g(1과 1/2큰술)
양파 10g(1큰술)
당근 5g(1/2큰술)
흑임자 1g
육수(또는 물)100cc(1/2컵)

1

2

3

4

5

HANNAH'S TIP

- 대구 살은 미리 다져놓았다가 얼음 틀에 얼려서 사용하면 편리해요.
- 생선을 사용하는 칼은 따로 구분해 사용하세요.

생선 볼을 곁들인 채소스틱 | 후기 다이어트

흰 살 생선은 붉은 살 생선보다 지방이 적기 때문에 담백한 맛이 나는 것이 특징이에요. 그래서 다이어트를 할 때 적합한 식재료이지요. 보통 다이어트를 하면서 지방의 섭취를 줄이다 보면 기름기 있는 음식이 생각날 때가 있는데, 이때 담백한 동태를 이용해서 튀김을 만들면 부담 없이 먹을 수 있어요.

다이어트 음식 만드는 방법

1. 감자는 껍질을 벗기고 삶아서 으깬다.
2. 양파는 다지고 동태 살은 믹서에 곱게 갈아서 으깬 감자와 소금과 후추를 약간 넣고 섞는다.
3. 2의 반죽을 동그랗게 빚는다.
4. 동그랗게 빚은 반죽에 밀가루, 달걀 물, 빵가루를 묻혀서 튀긴다.
5. 손질한 채소는 길이로 자른다.
6. 4, 5에 드레싱 재료를 모두 섞어서 곁들인다.

✽ 재료
동태 3조각, 감자 1개
양파 1/4개, 셀러리 3줄기
당근 1/2개, 오이 1/2개
레몬즙 1큰술, 달걀 1개
밀가루 1/3컵, 빵가루 2/3컵
식용유 2컵, 소금 약간, 후추 약간

요거트 드레싱 재료
다진 파슬리 1큰술
플레인 요거트 5큰술
꿀 2큰술
소금 약간, 후추 약간

1

2

3

4

5

6

HANNAH'S TIP

- 동태 살의 가시가 잘 제거됐는지 확인해주세요. 가시를 제거할 때는 핀셋을 사용하면 편하게 제거할 수 있어요.
- 생선 볼의 농도는 밀가루나 녹말가루를 섞어서 조절하거나 감자를 넣어서 조절하세요.

호랑이강낭콩 연근진밥

| 후기 이유식

호랑이강낭콩은 향이 진하지 않으면서 맛은 밤과 비슷해요. 그냥 삶아서 으깨기만 해도 맛있게 먹을 수 있지요. 비타민 B1, 비타민B2, 니아신 성분이 많이 들어있어요.

이유식은 혼자 먹게 하는 것보다 번거롭더라도 엄마, 아빠가 같이 식사를 하세요. 시간을 정해 매일 비슷한 시간에 먹는 것이 좋답니다.

이유식 만드는 방법

1. 호랑이강낭콩은 하루 정도 물에 담가 불린 후, 10분 정도 삶아서 절구에 넣고 으깬다.
2. 연근은 껍질을 벗겨 사방 0.4cm 크기로 다진 후, 식초 물에 담가 갈변을 방지한다.
3. 팽이버섯, 양송이버섯, 양파는 손질하여 사방 0.4cm 크기로 다진다.
4. 냄비에 **1, 2, 3**과 분량의 육수를 모두 넣고, 주걱으로 저어가며 3분간 강한 불로 끓인다.
5. **4**에 진밥을 넣고 약한 불로 줄인 후, 주걱으로 저어가며 5분간 더 끓인다.

✻ 재료
진밥 50g(3과 1/3큰술)
호랑이강낭콩 20g(2와 1/2큰술)
연근 15g(2와 1/2큰술)
팽이버섯 10g(1과 1/3큰술)
양송이버섯 10g(2큰술)
양파 10g(1큰술)
육수(또는 물) 100cc(1/2컵)

1

2

3

4

5

HANNAH'S TIP

• 호랑이강낭콩은 맛이 담백하고 알이 커서 조리하기가 좋아요. 또한, 영양도 풍부하고 저장하기도 쉽답니다.

연근칩샐러드

| 후기 다이어트

연근은 비타민을 많이 함유하고 있어요. 또한 철분도 많기 때문에 여성에게 좋은 식재료예요. 연근은 조림으로 요리해 먹는 게 일반적이지만, 연근을 칩으로 만들어놓으면 간식으로도 매우 좋아요. 기름에 튀기는 방법도 있지만 건조기에 말려서 칩을 만들면 담백한 다이어트 전용 과자를 만들 수 있어요.

샐러드 만드는 방법

재료
연근 1개, 쌀가루 2큰술
양상추 5장, 로메인 2장

키위 드레싱 재료
키위 1개, 플레인 요거트 1/2컵
꿀 1큰술, 메이플시럽 1/2작은술

1. 키위는 잘게 다져서 나머지 드레싱 재료와 섞는다.
2. 연근은 껍질을 벗기고 찬물에 담가서 전분을 뺀 후, 쌀가루를 묻혀서 건조기에 말린다.
3. 양상추, 로메인은 한입 크기로 뜯어 찬물에 담갔다가 건져서 접시에 담는다.
4. 3의 접시에 2의 연근 칩을 올리고, 1의 키위 드레싱을 곁들인다.

1

2

3

4

HANNAH'S TIP

- 연근을 말려서 튀기면 바삭한 질감을 살릴 수 있어요.
- 연근을 튀길 때 전분 가루나 밀가루를 살짝 묻혀주세요.

현미 닭고기 사과덮밥 | 후기 이유식

사과는 아기들과 굉장히 친숙한 식재료예요. 이유식을 시작하면서부터 먹는 친숙한 식재료이기 때문에 거부감이 없어요. 덮밥처럼 이유식을 할 때 사과를 갈거나 다져서 넣어주면, 익숙한 맛 때문에 밥을 잘 먹는답니다. 특히, 처음 접하는 식재료로 이유식을 만들 때 같이 섞어주면 좋아요. 저는 중기 이유식 때부터 사과를 약간씩 섞어서 이유식을 만들었어요.

이유식 만드는 방법

1. 닭고기 안심, 사과, 양파, 당근, 애호박은 사방 0.4cm 크기로 다진다.
2. 팬을 달궈서 참기름을 넣고 닭고기 안심을 볶다가 **1**의 양파, 당근, 애호박을 넣고 볶는다.
3. **2**에 분량의 물을 넣고, 끓기 시작하면 사과를 넣고 주걱으로 저어가며 3분간 끓인다.
4. **3**에 녹말 물을 넣고 끓이다가 걸쭉해지면 불을 끄고 밥 위에 올린다.

＊재료

현미진밥 70g(4와 2/3큰술)
닭고기 안심 30g(2큰술)
사과 20g(2큰술), 양파 20g(2큰술)
당근 15g(1과 1/2큰술)
애호박 10g(1큰술), 녹말물 1/2큰술
육수(또는 물) 100cc(1/2컵)

1

2

3

4

HANNAH'S TIP

- 녹말 물은 녹말과 물의 비율을 1대 1로 섞어서 만드세요.
- 녹말 물을 넣고 너무 오래 끓이면, 녹말이 엉겨 붙기 때문에 어느 정도 농도가 나오면 바로 불을 꺼주세요.

사과 퀴노아샐러드

후기 다이어트

슈퍼 푸드라는 별명을 가지고 있는 퀴노아와 사과가 들어간 샐러드예요. 씨앗을 이용한 디톡스와 다이어트에 많은 관심이 생기면서 새롭게 등장한 식재료이지요. 퀴노아는 우유를 대신할 수 있을 만큼 단백질이 풍부해요. 보통은 밥으로 많이 먹는데 말리거나 구운 퀴노아를 사용하면 쌀 과자처럼 먹을 수 있어서 좋아요.

샐러드 만드는 방법

1. 살구와 마, 사과는 씻어서 껍질째 사방 2cm로 썬다.
2. 인절미는 사방 2cm로 썬다.
3. 드레싱 재료를 믹서에 간다.
4. **1**의 마와 사과, **2**의 인절미에 **3**의 드레싱을 올리고 퀴노아와 뮤즐리를 뿌린다.

＊재료
퀴노아 2큰술, 뮤즐리 5컵
살구 1개, 인절미 30g
사과 1개, 마 30g

팥 고구마 드레싱 재료
빙수용 팥 4큰술
으깬 고구마 2큰술
우유 4큰술, 꿀 2큰술
소금 약간

1

2

3

4

HANNAH'S TIP

- 퀴노아와 뮤즐리 대신에 시리얼이나 오트밀로 대체할 수 있어요.
- 인절미 대신에 다른 떡을 사용해도 좋아요.
- 단맛이 약할 경우 드레싱을 좀 더 많이 곁들이세요.

소고기 가지덮밥 | 후기 이유식

아기들에게도 컬러푸드(color food)를 먹일 수가 있어요. 가지는 대표적인 컬러푸드의 한 종류로 보라색 컬러푸드예요. 컬러푸드에 들어있는 피토케미컬(phytochemical)은 항암 효과와 항산화 효과가 뛰어나기 때문에 아기에게도 더없이 좋은 식재료이지요. 컬러푸드로 이유식을 할 때는 색상이 진하고 선명한 것을 고르는 것이 좋아요.

이유식 만드는 방법

1. 쇠고기, 양파, 양배추, 가지, 팽이버섯은 사방 0.4cm 크기로 다진다.
2. 팬을 달궈서 참기름을 넣고 쇠고기를 볶다가 1의 양파, 양배추, 가지, 팽이버섯을 넣고 볶는다.
3. 2에 분량의 육수를 넣고 3분간 끓이다가 달걀노른자 1개를 넣고 섞는다.
4. 3에 녹말 물을 넣고 걸쭉해지면 불을 끄고 밥 위에 올린다.

＊재료

진밥 70g(4와 2/3큰술)
쇠고기 30g(2큰술)
가지 20g(2큰술), 양파 20g(2큰술)
양배추 15g(3큰술)
팽이버섯 15g(2큰술)
달걀노른자 1개, 녹말 물 1/2큰술
육수(또는 물) 100cc(1/2컵)

1

2

3

4

HANNAH'S TIP

- 가지는 냉장 보관을 오래 하면 수분이 빠져서 시들해지고 맛이 없어지기 때문에 빨리 먹는 것이 좋아요.
- 달걀노른자는 팬의 마지막 잔열로 익혀도 잘 익어요.

가지 곤약샐러드 | 후기 다이어트

보통 곤약은 묵처럼 생긴 판 곤약이 흔한데, 실 곤약을 이용하면 국수를 먹는 느낌을 낼 수 있어요. 열량이 낮고 포만감에 좋기 때문에 다이어트 식품으로 알려져 있지요. 그런데 곤약은 아무런 맛과 향이 없어요. 그래서 어떠한 재료를 섞어서 드레싱을 만들어도 다 어울린답니다. 먹고 싶은 드레싱이 있다면 곤약이랑 같이 먹어보세요.

샐러드 만드는 방법

1. 가지는 사방 1.5cm 크기로 썰어서 팬에 볶는다.
2. 어린잎 채소는 찬물에 씻은 후 체에 밭쳐 물기를 뺀다.
3. 실 곤약은 물에 데쳐서 체에 밭친다.
4. 그릇에 **2**의 어린잎 채소를 담고 **1**의 가지, **3**의 곤약을 드레싱에 버무려 올린다.

＊재료
가지 1/2개, 실곤약 200g
어린잎 채소 80g,
식용유 약간
소금 약간, 후추 약간

셀러리 마요네즈 드레싱 재료
마요네즈 3큰술, 토마토 케첩 1큰술
레몬즙 1큰술, 다진 양파 1큰술
다진 피클 1/2큰술, 다진 셀러리 2큰술
다진 삶은 달걀 1개, 다진 파슬리 1작은술
소금 약간, 후추 약간

1

2

3

4

HANNAH'S TIP

- 곤약 대신에 천사채를 사용해도 좋아요.
- 가지 대신 최근에 나온 가지오이를 사용해도 맛이 좋아요.

대구 단호박리소토

후기 이유식

리소토를 만들 때 모유나 분유 대신에 우유를 사용해도 되는지 물어보는 경우가 있는데 생우유는 아직 사용하지 않는 것이 좋아요. 생우유는 돌이 지난 후에 아기에게 먹이세요. 생우유는 철분이 부족하고 철분 흡수도 방해하기 때문에 적당한 시기에 먹이는 것이 좋답니다.

이유식 만드는 방법

1. 대구 살은 익혀서 곱게 으깬다.
2. 단호박과 양파는 사방 0.4cm 크기로 다진다.
3. 완두콩은 10분 정도 삶아서 절구에 으깬다.
4. 냄비에 진밥과 1, 2, 3 그리고 분량의 모유를 모두 넣고 7분간 끓인다.
5. 4에 슬라이스 치즈를 넣고 치즈가 녹으면 불을 끈다.

* 재료

진밥 70g(4와 2/3큰술)
대구 살 30g(2큰술)
단호박 30g(2와 1작은술)
양파 15g(1과 1/2큰술)
완두콩 10g(1큰술)
슬라이스 치즈 1/2장
모유(또는 분유) 140cc(2/3컵)

1

2

3

4

5

HANNAH'S TIP

- 대구 살 외에도 다른 흰 살 생선을 이용해보세요.

아보카도 단호박샐러드

후기 다이어트

멕시코 음식을 파는 식당이나 패밀리 레스토랑에서 '구아카몰'이라는 소스를 맛본 적 있나요? 그 소스가 바로 아보카도로 만든 소스예요. 과일 중에서 생선 맛이 난다는 얘기를 할 정도로 독특한 맛을 내기 때문에 롤을 만들 때 주재료로 사용해요. 단독으로 먹으면 느끼할 수도 있기 때문에 토마토나 양파처럼 시원하고 깔끔한 맛을 내는 과일과 함께 먹는 것이 좋아요.

샐러드 만드는 방법

1. 단호박은 쪄서 익힌 후에 껍질을 벗기고 한입 크기로 썬다.
2. 아보카도, 토마토, 양파는 사방 2cm로 썬다.
3. 드레싱 재료를 모두 섞어서 2의 아보카도, 토마토, 양파와 섞는다.

* 재료

단호박 1/4개
아보카도 1과 1/2개
토마토 1개, 양파 1/4개

타바스코 드레싱 재료
다진 토마토 5큰술, 다진 양파 3큰술
다진 청양고추 1큰술, 올리브 오일 2큰술
레몬즙 1큰술, 식초 1큰술
타바스코 1큰술, 오가닉슈가 1큰술
소금 약간, 후추 약간

1

2

3

HANNAH'S TIP

- 아보카도에 레몬즙이나 라임즙을 뿌려주면 갈변을 방지할 수 있어요.
- 아보카도의 과육을 발라낼 때 컵이나 커다란 숟가락을 이용하면 쉽게 발라낼 수 있어요.

소고기 버섯리소토 | 후기 이유식

버섯에 들어있는 식이섬유는 장 활동을 원활하게 해줘서 변비에 효과적이에요. 특히 버섯에는 비타민B복합체와 칼슘 흡수를 촉진하는 프로비타민D가 함유되어 있어요.
아기들이 처음 접하는 식기의 다양한 형태와 질감은 창의력을 높여주니 여러 가지 식기를 사용해보세요.

이유식 만드는 방법

1. 쇠고기, 느타리버섯, 양송이버섯, 팽이버섯은 사방 0.4cm 크기로 다진다.
2. 냄비에 진밥, **1**과 분량의 모유를 넣고 7분간 끓인다.
3. **2**에 슬라이스 치즈를 넣고 치즈가 녹으면 불을 끈다.

* 재료

진밥 70g(4와 2/3큰술)
쇠고기 30g(2큰술)
느타리버섯 30g(6큰술)
양송이버섯 15g(3큰술)
팽이버섯 10g(1과 1/3큰술)
슬라이스 치즈 1/2장
모유(또는 분유) 140cc(2/3컵)

1

2

3

HANNAH'S TIP

- 치즈는 염도가 낮은 아기용 치즈를 사용하세요.
- 버섯은 특유의 감칠맛이 있기 때문에 조미료처럼 이유식을 만들 때 사용하면 좋아요.

주꾸미샐러드 | 후기 다이어트

주꾸미는 칼로리가 낮고 지방이 거의 들어 있지 않아요. 그리고 타우린 성분이 들어 있어요. 타우린 성분은 강장제의 성분으로 항산화 기능도 하기 때문에 노화를 늦추는 데 효과가 있어요. 또한 단백질 합성을 촉진하기 때문에 근육을 회복하는데도 좋아요. 아기를 키우면서 근육이 뭉쳤을 때 근육도 풀어주고 다이어트도 할 겸 주꾸미를 먹어보세요.

샐러드 만드는 방법

1. 드레싱 재료를 모두 섞어서 30분 정도 숙성시킨다.
2. 주꾸미를 끓는 소금물에 데친 후 찬물에 담가 식혀준다.
3. 주꾸미는 로즈메리와 올리브 오일, 소금, 후추를 약간 넣어 마리네이드 한다.
4. 수박, 오이, 참마는 2cm 크기의 주사위 모양으로 썰고 미나리는 4cm 크기로 자른다.
5. 볼에 4의 수박, 오이, 참마, 미나리와 주꾸미를 담고 드레싱을 곁들인다.

* 재료
주꾸미 150g, 수박 30g
오이 30g, 참마 30g
미나리 20g, 올리브 오일
소금 약간, 후추 약간

마리네이드 재료
로즈메리 5g, 올리브 오일 1/2컵
소금 약간, 후추 약간

연겨자 드레싱 재료
올리브 오일 3큰술
화이트와인 비네거 3큰술
아가베시럽 2작은술
연겨자 1/2작은술
소금 약간, 후추 약간

1

2

3

4

5

HANNAH'S TIP

- 주꾸미 대신 문어로 만들어도 좋아요.
- 주꾸미는 살짝만 익히는 게 맛있어요.
- 주꾸미를 익힐 때 집게로 모양을 잡아주면 예쁘게 익힐 수 있어요.

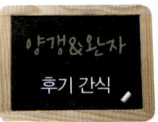

양갱&완자
후기 간식

● 고구마양갱

* 재료
고구마 200g(20큰술), 한천 10g(1/3큰술), 우유 120cc(3/5컵)

1. 고구마는 삶아서 곱게 으깬다.
2. 냄비에 한천과 우유를 넣고 끓여서 한천을 녹인다.
3. 2에 고구마를 섞는다.
4. 3을 식혀서 틀에 넣고 냉장고에서 3시간 정도 굳힌다.

●● 단호박양갱

* 재료
단호박 200g(20큰술), 한천 10g(1/3큰술), 우유 120cc(3/5컵)

1. 단호박은 삶아서 곱게 으깬다.
2. 냄비에 한천과 우유를 넣고 끓여서 한천을 녹인다.
3. 2에 단호박을 섞는다.
4. 3을 식혀서 틀에 넣고 냉장고에서 3시간 정도 굳힌다.

●●● 동그랑땡

* 재료
쇠고기 안심 60g, 두부 40g(2와 1/2큰술), 표고버섯 10g
느타리버섯 10g, 가지 10g, 당근 10g(1큰술), 육수(또는 물)
100cc(1/2컵), 포도씨유 약간

1. 쇠고기, 표고버섯, 느타리버섯, 가지, 당근을 곱게 다진다.
2. 두부는 곱게 으깬다.
3. 쇠고기, 표고버섯, 느타리버섯, 가지, 당근과 두부를 섞어서 치댄다.
4. 3의 반죽을 5cm 크기로 동그랗게 빚는다.
5. 포도씨유를 약간 두른 팬에 4의 반죽을 노릇하게 굽다가 분량의 육수를 붓고 뚜껑을 덮어서 익힌다.

●●●● 완자

* 재료
닭고기 안심 60g, 당근 10g(1큰술), 양파 10g
브로콜리 10g, 녹말가루 약간

1. 닭고기 안심, 당근, 양파, 브로콜리는 곱게 다진다.
2. 닭고기 안심, 당근, 양파, 브로콜리에 녹말가루 약간을 넣고 반죽한다.
3. 2의 반죽을 동그랗게 빚어서 15분 정도 찐다.

● 단호박 배요거트

＊재료
플레인 요거트 100cc(1/2컵), 단호박 20g, 배 20g

1. 단호박은 10분 정도 삶아서 곱게 으깬다.
2. 배는 2분 정도 데쳐서 체에 곱게 내린다.
3. **1**의 단호박과 **2**의 배를 섞어서 요거트와 함께 담는다.

●●● 참외범벅

＊재료
참외 50g, 찹쌀가루 30g, 물 2큰술

1. 참외는 0.5cm 크기로 다진다.
2. 다진 참외에 찹쌀가루와 물을 넣고 섞는다.
3. **2**의 반죽을 20분 정도 찐다.

●● 자두 당근요거트

＊재료
플레인 요거트 100cc(1/2컵), 자두 20g, 당근 20g(2큰술)

1. 자두는 2분 정도 데쳐서 체에 곱게 내린다.
2. 당근은 10분 정도 삶아서 곱게 으깬다.
3. **1**의 자두와 **2**의 당근을 섞어서 요거트와 함께 담는다.

●●●● 바나나 수박범벅

＊재료
바나나 30g, 수박 20g, 찹쌀가루 30g, 물 2큰술

1. 바나나와 건포도는 0.5cm 크기로 다진다.
2. **1**의 다진 바나나와 건포도에 찹쌀가루와 물을 넣고 섞는다.
3. **2**의 반죽을 20분 정도 찐다.

Part.4

Part.4
아기 완료기 이유식 &
엄마 완료기 다이어트

치즈 잔멸치진밥 | 완료기 이유식

아기는 이제 조금 질긴 하지만 완전한 밥을 먹을 수 있어요. 약간의 간이 된 음식을 먹는 것도 상관없어요. 바다에서 얻을 수 있는 식재료는 천연의 간이 이미 된 상태이지요. 그러니 천연의 간이 된 음식을 시작으로 먹는 연습을 하세요. 다만 너무 강한 맛을 일찍부터 맛보면 간이 안 된 음식을 먹지 않으려 하니까 천천히 조금씩 주는 것이 좋아요.

이유식 만드는 방법

1. 잔 멸치는 물에 20분 정도 담가 짠맛과 불순물을 제거하고 키친타월로 물기를 없앤다.
2. 잔 멸치, 브로콜리, 파프리카는 0.5cm 크기로 자른다.
3. **2**를 냄비에 넣고 육수를 조금씩 넣어가며 5분간 강한 불로 끓인다.
4. **3**에 진밥을 넣고 약한 불로 줄인 후, 주걱으로 저어가며 3분간 끓인 다음 치즈를 얹는다.

* 재료

진밥 90g(6큰술)
잔 멸치 20g(4큰술)
브로콜리 20g(2큰술)
파프리카 15g(1과 1/2큰술)
치즈 1/2장
육수(또는 물) 100cc(1/2컵)

1

2

3

4

HANNAH'S TIP

- 잔 멸치는 그 자체로 간이 되어 있어요. 그래서 완성된 이유식이 약간 짭조름한 맛이 나지요.
- 치즈는 잔열로 녹여주면 좋아요.

영양부추샐러드

| 완료기 다이어트

부추는 따뜻한 성질을 지니고 있어요. 보통 남자들한테 좋다고 알려졌지만, 남녀 구분 없이 모두에게 좋은 식재료이지요. 부추는 피로 회복에 도움이 되니 피곤하고 기운이 떨어질 때 먹으면 좋아요. 특히 고기나 기름진 음식과 같이 먹으면 콜레스테롤을 낮추는 효과가 있답니다. 성인병이 걱정된다면 부추가 들어가는 식단을 만들어보세요.

샐러드 만드는 방법

1. 영양부추를 찬물에 담갔다가 체에 밭쳐 물기를 뺀 후, 6cm 길이로 자른다.
2. 사과와 배는 껍질을 벗기고 5cm 길이로 곱게 채를 썬다.
3. 양파는 껍질을 벗기고 채를 썰어 찬물에 담갔다가 체에 밭쳐 물기를 뺀다.
4. 드레싱 재료는 볼에 모두 섞는다.
5. 볼에 준비된 **1, 2, 3, 4**와 고춧가루를 넣고 버무린다.

＊재료
영양부추 150g, 사과 1/2개
배 1/2개, 양파 1/4개
고춧가루 1/4작은술

화이트와인 드레싱 재료
레몬즙 3큰술, 꿀 1큰술
간장 1큰술, 올리브 오일 4큰술
화이트와인 1작은술
소금 약간, 후추 약간

1

2

3

4

5

HANNAH'S TIP

- 매운맛이 싫을 경우 고춧가루를 빼도 좋아요.
- 고춧가루와 간장이 들어간 샐러드로 고기를 재울 때도 사용해보세요.

연두부 사과진밥 | 완료기 이유식

아기에게 간식을 줄 때 많이 사용했던 것이 사과와 자두 같은 과일이에요. 과자는 최대한 늦게 주는 것이 좋을 것 같아서 밀가루로 만든 과자들은 되도록 주지 않았어요. 간식으로 주고 남는 사과를 어떻게 할까 고민하다가 밥에 사과를 넣어 진밥을 만들어 먹였는데 익숙한 맛이어서 그런지 아주 잘 먹었어요.

이유식 만드는 방법

1. 비트와 파는 잘게 다진다.
2. 사과는 껍질을 벗겨 강판에 간다.
3. 냄비에 비트와 분량의 육수를 넣고 강한 불로 끓인다.
4. 3에 진밥과 연두부를 넣고, 약한 불로 줄여서 주걱으로 저어가며 5분간 끓인다.
5. 4에 다진 파와 사과를 넣고 2분간 더 끓인다.

＊재료

진밥 90g(6큰술)
연두부 25g(1과 1/3큰술)
사과 25g(2와 1/2큰술)
비트 10g(1과 1/2큰술)
파 5g
육수(또는 물) 100cc(1/2컵)

1

2

3

4

5

HANNAH'S TIP

- 비트는 디톡스 효과가 뛰어나기 때문에 조금씩 아기의 반응을 보면서 먹이는 것이 좋아요.
- 연두부 대신에 생식 두부를 넣어도 좋아요.

팽이버섯전 | 완료기 다이어트

팽이버섯은 평소에 된장찌개를 끓일 때나 반찬을 할 때 심심치 않게 들어가는 재료예요. 팽이버섯에는 아미노산이 풍부하기 때문에 성장기의 아기나 어린이에게 좋은 음식이지요. 엄마가 먼저 먹는 모습을 보여주면서 아기가 먹을 수 있도록 유도해주세요.

다이어트 음식 만드는 방법

※ 재료
팽이버섯 200g, 표고버섯 30g
홍고추 1/2개, 풋고추 1/2개
양파 1/8개, 달걀 1개
밀가루 3~5큰술
소금 약간, 후추 약간

1. 팽이버섯은 밑동을 제거하고 1cm 크기로 썬다.
2. 표고버섯과 홍고추, 풋고추, 양파는 잘게 다진다.
3. 볼에 **1**의 팽이버섯, **2**의 표고버섯, 홍고추, 풋고추, 양파에 분량의 달걀과 밀가루를 넣고 소금, 후추로 간을 해서 반죽을 만든다.
4. 달궈진 팬에 기름을 두르고 지름 5cm 크기의 전을 부친다.

1

2

3

4

HANNAH'S TIP

- 전을 부칠 때는 중불로 익히면 좋아요.
- 표면이 약간 노릇해지면 충분히 익은 거예요.
- 반죽을 너무 두껍게 묻히면 속이 잘 익지 않아요.

아기튼튼 이유식 · FOR BABY

버섯 불고기볶음진밥 | 완료기 이유식

여러 가지 재료가 같이 들어갈 때는 모든 재료를 충분히 익히는 것이 중요해요. 초기, 중기처럼 미리 데쳐서 사용할 필요는 없지만, 완성된 음식에 들어가는 재료는 모두 익혀서 넣어주세요. 아기가 익히지 않은 음식을 먹으면 위험할 수 있어요. 또한, 소화도 잘 안 되고 음식을 거부할 수도 있답니다.

이유식 만드는 방법

1. 쇠고기, 양송이버섯, 표고버섯, 팽이버섯, 양파는 사방 0.7cm 크기로 다진다.
2. 1에 간장, 깨소금을 넣고 버무린다.
3. 2를 냄비에 넣고 육수를 조금씩 넣어가며 3분간 중불로 볶는다.
4. 쇠고기가 익으면 밥을 넣고 밥알이 퍼질 때까지 저으면서 7분간 볶는다.

＊재료

진밥 90g(6큰술)
쇠고기 우둔살 25g(1과 2/3큰술)
양송이버섯 20g(4큰술)
표고버섯 20g(4큰술)
팽이버섯 20g(3큰술)
양파 10g(1큰술), 간장 1/4작은술
깨소금 1/3작은술
육수(또는 물) 100cc(1/2컵)

1

2

3

4

- 아직 간을 많이 한 음식을 먹지 않는다면 간장의 양을 줄이세요.
- 우둔살은 기름기가 없고 담백하기 때문에 아기 이유식용으로 좋아요.

가지 두부조림 | 완료기 다이어트

아기가 성장하면 엄마의 스트레스 수치도 같이 커지는 것 같아요. 점점 활동량이 많아지는 아이의 뒤를 쫓아다니다 보면 몸이 지치고 마음도 무기력해지지요. 가지는 비타민이 풍부해서 스트레스를 해소시키는 효과가 있어요. 육아로 스트레스를 받는 날이라면 가지 반찬을 만들어 아기와 함께 먹어보세요.

다이어트 음식 만드는 방법

1. 가지는 반으로 갈라 찜기에 찐 후 결대로 먹기 좋게 찢는다.
2. 두부는 5×5×1cm 크기로 잘라 소금 간을 하고 물기를 제거한다.
3. 양파는 두껍게 채 썬다.
4. 냄비에 육수와 양념장, **1, 2, 3**을 모두 넣고 졸인다.

＊재료
가지 1개, 두부 200g
양파 1/4개, 마늘 3톨
고춧가루 1작은술, 간장 1큰술
육수(또는 물) 100cc(1/2컵)

간장 양념장 재료
간장 1큰술
다진 양파 1큰술
다진 파 1/2큰술
다진 마늘 1/2큰술
참기름 1작은술
깨소금 1작은술

1

2

3

4

HANNAH'S TIP

- 가지에 양념을 조물조물 무친 후 졸이면 간이 더 잘 배어들어요.
- 가지는 열을 내리는 데 효과가 있어요.

새우 두부진밥 | 완료기 이유식

두부는 칼슘이 풍부한 고단백 식품이에요. 아기에게 가장 중요한 치아와 뼈를 구성하는 데 도움이 되는 식재료이기 때문에 많이 먹이면 좋아요. 두부를 고를 때는 첨가물이 들었는지를 확인하고 고르세요. 두부를 조리할 때 너무 작게 자르면 으깨어지니 어느 정도 크기가 있게 잘라주는 것이 좋아요.

이유식 만드는 방법

1. 새우는 내장, 껍질, 머리를 제거하고 살만 곱게 다진다.
2. 두부와 양파는 사방 0.7cm 크기로 썬다.
3. 쪽파는 곱게 다진다.
4. 냄비에 다진 새우, 양파, 두부를 넣고 강한 불로 끓인다.
5. **4**가 끓기 시작하면 중약 불로 줄인 후, 진밥과 **3**의 쪽파를 넣고 주걱으로 저어가며 5분간 더 끓인다.

* 재료

진밥 90g(6큰술)
중하새우살 10g(1큰술)
두부 40g(2와 2/3큰술)
양파 10g(1큰술)
쪽파 1작은술
육수(또는 물) 100cc(1/2컵)

1

2

3

4

5

HANNAH'S TIP

- 새우는 머리와 꼬리가 다 붙어있는 것을 구매하세요.

양배추 초말이

| 완료기 다이어트

양배추 다이어트는 우리나라보다 일본에서 먼저 인기를 얻은 다이어트 방법이에요. 많은 할리우드 스타들이 양배추를 이용해 다이어트를 한 것이 알려지면서 인기 있는 다이어트 음식이 되었지요. 또한, 양배추로 다양한 요리를 만들 수 있기 때문에 다이어트를 할 때 질리지 않고 꾸준히 활용할 수 있는 식재료예요. 최근에는 양배추가 위에도 좋고, 항암 효과가 있다는 것이 밝혀지면서 건강식품으로 자리 잡았답니다.

다이어트 음식 만드는 방법

1. 양배추는 10×10cm 크기로 잘라 끓는 물에 살짝 데친다.
2. 배합초 재료를 모두 넣고 설탕과 소금이 녹을 때까지 끓인다.
3. 준비된 현미밥에 배합초를 넣고 버무린다.
4. 오이, 당근, 파프리카는 5cm 길이로 잘라 끓는 물에 소금을 넣고 살짝 데친다.
5. **1**의 양배추를 깔고 **3**의 현미밥, **4**의 오이, 당근, 파프리카를 올리고 말아준다.

✱ 재료
양배추 200g, 오이 1/4개
당근 1/4개, 파프리카 40g
현미밥 80g

배합초 재료
식초 3큰술, 아가베시럽 2큰술, 소금 1큰술

견과류 쌈장 드레싱 재료
된장 1큰술, 고추장 1큰술
꿀 1/2큰술, 다진 땅콩 1작은술
다진 호두 1작은술, 다진 잣 1작은술
콩가루 1큰술, 참기름 1큰술

1

2

3

4

5

HANNAH'S TIP

- 배합초는 분량과 상관없이 식초, 아가베시럽, 소금을 3:2:1의 비율로 섞어주세요.
- 배합초는 김밥이나 유부초밥에 모두 사용할 수 있어요.
- 배합초는 보관 기간이 길어서 미리 만들어 냉장고에 보관해도 좋아요.
- 배합초를 만들 때 다시마 한 조각을 넣고 같이 끓이면 감칠맛이 더 많이 나요.
- 양배추는 열을 가해 조리를 하면 유황 성분으로 인해 특유의 냄새가 나는데, 이때 식초를 약간 첨가해주면 냄새를 잡아줘요.

영양 애호박비빔밥 | 완료기 이유식

비빔밥은 여러 가지 재료를 한눈에 보면서 먹을 수 있어서 아기들과 음식에 대해 이야기를 하면서 먹을 수 있어요. 직접 눈으로 보고 만져본 식재료는 아기들이 잘 먹어요. 혹시 안 먹는 식재료가 있으면 비빔밥으로 만들어서 설명을 해주며 먹여보세요.

이유식 만드는 방법

1. 애호박, 당근, 표고버섯은 손질하여 다진다.
2. 쇠고기는 다진 뒤 양파즙과 참기름에 재웠다가 볶는다.
3. **1**의 애호박, 당근, 표고버섯과 **2**의 쇠고기는 팬에 올리브 오일을 두르고 각각 볶는다.
4. 진밥 위에 볶은 쇠고기와 채소를 올린다.
5. 팬에 올리브 오일을 약간 두르고, 체에 곱게 내린 달걀노른자를 지단으로 부친 뒤 다져서 얹어낸다.

✱ 재료

진밥 90g(6큰술), 애호박 15g(1과 1/2큰술)
쇠고기 안심 10g(2/3큰술), 표고버섯 10g(2큰술)
당근 10g(1큰술), 달걀노른자 1개
육수(또는 물) 140cc(2/3컵)
올리브 오일 약간
양파즙 약간, 참기름 약간

1

2

3

4

5

- 비빔밥 재료는 채 썰어서 사용해도 좋아요.
- 말린 표고버섯은 직접 햇볕에 말려서 사용하는 것이 좋아요.

연근 우엉냉채 | 완료기 다이어트

우엉은 구하기 쉽고 가격이 저렴해서 반찬으로 인기 있는 재료예요. 다이어트를 할 때 우엉으로 차를 끓여서 마시는 경우도 많아요. 말린 우엉을 기름을 두르지 않은 팬에 볶듯이 말려서 차로 끓여 마시면 구수한 맛을 더 즐길 수 있지요. 반찬을 하고 남은 우엉은 이렇게 차로 마시는 것도 좋아요.

다이어트 음식 만드는 방법

※ 재료
연근 100g, 우엉 100g
닭 가슴살 100g, 배 30g
오이 30g, 설탕 약간

홈머스터드 마요네즈 드레싱 재료
홈머스터드 1큰술
아가베시럽 1큰술
홈메이드 마요네즈 1큰술
잣가루 1큰술
화이트와인 1큰술

1. 드레싱 재료는 모두 섞어 놓는다.
2. 연근과 우엉은 5cm 길이로 편 썰어서 끓는 물에 3분간 데친다.
3. 닭 가슴살은 반으로 갈라 끓는 물에 10분간 데치고, 손으로 5cm 길이로 찢는다.
4. 오이는 필러로 얇게 밀어주고 배는 2×2cm 길이로 나박썰기 하여 설탕물에 담가 둔다.
5. 볼에 준비 된 재료와 드레싱을 넣어 버무린 뒤 그릇에 담는다.

1

2

3

4

5

- 연근과 우엉은 금방 갈변되기 때문에 식초를 푼 물에 담가주는 것이 좋아요.
- 연근이나 우엉을 조리기 전에 살짝 데쳐서 조려주면 요리하는 시간을 절약할 수 있어요.

소고기 배추덮밥 | 완료기 이유식

덮밥은 밥 위에 소스를 얹어서 주기 때문에 밥과 소스가 섞이면서 더 질어져요. 완성되었을 때를 생각해서 밥의 되기를 조절해주세요. 아기에 따라서 된 밥을 더 좋아하는 경우가 있긴 하지만 아직은 된 밥을 충분히 소화시키기 힘들답니다.

이유식 만드는 방법

1. 쇠고기는 찬물에 20분 정도 담가 핏물을 제거한다.
2. 1의 쇠고기는 잘게 다져 배즙에 10분 정도 재운다.
3. 팽이버섯, 배추, 무, 양파를 0.7cm 크기로 썬다.
4. 달군 팬에 참기름을 약간 두르고 쇠고기를 넣어 볶다가 3을 넣고 1분간 볶는다.
5. 4에 분량의 육수를 넣고 7분간 끓인다.
6. 5의 물이 자작해지면 녹말 물을 두르고 저어준 뒤, 불을 끄고 밥 위에 얹는다.

＊재료
진밥 90g(6큰술), 쇠고기 안심 30g(2큰술)
팽이버섯 20g(3큰술), 배추 10g(2큰술)
무 10g(1과 1/3큰술), 양파 10g(1큰술)
배즙 약간, 참기름 약간, 녹말 물 1/3큰술
육수(또는 물) 85cc(2/5컵)

1

2

3

4

5

6

HANNAH'S TIP

- 기름진 것이 싫다면 참기름은 생략해도 좋아요.
- 육수는 재료로 사용하는 고기와 같은 육수를 사용하면 맛이 더 좋아요.

청경채 된장볶음

완료기 다이어트

청경채는 미네랄이 풍부하게 들어있어요. 쓴맛이 적기 때문에 생으로 먹어도 부담이 없어서 샐러드용 채소로 제격이에요. 조리할 때도 굳이 오래 익히지 않고 아삭한 식감을 살려서 먹는 것도 좋아요. 이렇게 생으로 먹거나 살짝 조리해서 먹을 수 있기 때문에 비타민의 파괴가 적은 것도 청경채의 장점이지요.

다이어트 음식 만드는 방법

재료
청경채 4개, 미니 새송이버섯 4개
미니 파프리카 2개, 당근 1/4개
애호박 1/4개, 올리브 오일 약간
소금 약간, 후추 약간

유자청 된장 드레싱 재료
된장 1큰술, 육수 1큰술(15cc)
유자청 1작은술

1. 드레싱 재료를 모두 섞어 준비한다.
2. 청경채를 반으로 잘라 끓는 물에 15초간 데치고 찬물에 담가 식힌 후, 체에 밭쳐 물기를 뺀다.
3. 미니 새송이버섯, 미니 파프리카를 한입 크기로 자른다.
4. 당근, 애호박은 사방 필러로 얇게 밀어서 3cm 두께로 자른다.
5. 달궈진 팬에 올리브 오일을 두르고 **3**과 **4**를 넣어 같이 볶다가 분량의 드레싱과 청경채를 넣고 살짝 볶는다.

1

2

3

4

5

- 소스가 자작해질 때까지 볶아주세요.
- 소금보다는 된장으로 간을 조절해주세요.
- 버섯은 센 불에서 볶으면 더 쫄깃한 식감을 느낄 수 있어요.

토마토 스크램블 에그덮밥 | 완료기 이유식

토마토와 달걀은 영양이 풍부한 식재료이지만, 알레르기를 일으킬 수 있어서 조심히 먹여야 해요. 혹시 토마토나 달걀에 알레르기 반응이 있었던 아기라면 돌이 지나고 나서 다시 시도해보세요. 토마토는 타임스지가 선정한 10대 건강식품으로 아기에게 더없이 좋은 음식이지요.

이유식 만드는 방법

1. 토마토는 껍질을 벗기고 반을 갈라 씨를 제거한다.
2. 토마토, 양송이버섯, 양파는 0.7cm 크기로 썬다.
3. 달걀은 알끈을 제거한 뒤 우유를 넣고 섞는다.
4. 달군 팬에 포도씨유를 두르고 양파를 볶다가 2분간 더 볶는다.
5. 4에 달걀 물을 넣고 젓가락으로 재빨리 저어가며 익힌 후 밥 위에 얹는다.

* 재료

진밥 90g(6큰술), 토마토 1개
양송이버섯 10g(2큰술), 양파 10g(1큰술)
달걀 1개, 우유 1과 1/3큰술
포도씨유 약간

1

2

3

4

5

HANNAH'S TIP

- 채소를 볶을 때 아기들이 잘 먹지 않는 재료를 섞어주면 좋아요.
- 양파는 약한 불에 오래 볶으면 단맛이 생겨요.

브로콜리 옥수수 두유수프

| 완료기 다이어트

평소 브로콜리를 좋아하지 않았는데 이유식을 하면서 어쩔 수 없이 먹게 된 게 브로콜리예요. 그런데 다이어트를 하다 보니 이렇게 좋은 식재료가 없더라고요. 특히 셀레늄이 풍부하게 들어있어서 면역력을 강화시켜 주기 때문에 다이어트 할 때 꼭 함께 먹는 것 좋아요.

다이어트 음식 만드는 방법

* 재료
브로콜리 200g
옥수수 100g
양파 50g
두유 200cc(1컵)

1. 브로콜리와 양파, 옥수수를 데쳐서 믹서에 곱게 간다.

2. 냄비에 두유와 **1**의 브로콜리, 양파, 옥수수를 넣고 주걱으로 저으면서 끓인다.

1

2

HANNAH'S TIP

- 무가당 두유로 끓이는 것이 더 좋아요.
- 끓기 시작하면서 점성이 생기기 시작해요. 너무 묽지 않게 만들어주세요.
- 농도가 진한 것을 원한다면 감자를 갈아서 섞어주세요.

파인애플볶음밥 | 완료기 이유식

한식이 아닌 다른 음식을 아기에게 먹여보고 싶다면 한번 만들어보세요. 태국 음식에서 착안한 향신료를 빼고 만든 볶음밥이에요. 볶음밥을 할 때 기름을 너무 많이 넣지 않게 주의해주세요. 기름이 들어간 음식은 아기들이 좋아하지만, 너무 많이 먹는 것은 좋지 않아요.

이유식 만드는 방법

1. 돼지고기는 키친타월로 핏물을 닦아내고 사방 0.7cm 크기로 썬다.
2. 파인애플, 양파, 피망, 당근은 사방 0.7cm 크기로 썬다.
3. 달군 팬에 올리브 오일을 약간 두르고 양파, 당근, 돼지고기, 피망, 파인애플 순서로 볶는다.
4. 3에 밥을 넣고 섞으면서 볶는다.

* 재료

진밥 90g(6큰술)
돼지고기 안심 30g(2큰술)
파인애플 10g(1/2큰술)
양파 10g(1큰술)
피망 10g(1큰술)
당근 10g(1큰술)
올리브 오일 약간

1

2

3

4

HANNAH'S TIP

- 파인애플은 단맛이 강하니 맛을 보면서 넣는 양을 조절하세요.
- 피망은 파프리카보다 매운맛이 나요. 아기가 매워하면 파프리카로 대체해주세요.

토마토 두부 냉채그린소스

완료기 다이어트

토마토는 레드 푸드의 대표적인 채소예요. 빨갛게 익으면 익을수록 영양분이 더 높아지는 채소로 비타민A, B, C, E가 들어 있으며, 특히 비타민C가 풍부하지요. 또한 미네랄 성분과 체내에서 합성되지 않는 베타카로틴(β-carotene)을 함유하고 있어서 매일 먹는 것이 좋아요. 토마토는 포만감을 주는 채소로 식사를 하기 전에 먹으면 식사량을 조절하는 데 도움이 된답니다.

다이어트 음식 만드는 방법

*** 재료**
방울토마토 6개, 두부 80g
어린잎 채소 50g, 양파 10g
바질 8장

파마산 치즈 드레싱 재료
바질 5g, 파마산 치즈 가루 4큰술
올리브 오일 4큰술, 잣 3g
마늘 1/4개, 소금 약간, 후추 약간

1. 드레싱 재료를 모두 넣고 믹서에 간다.
2. 방울토마토는 반으로 썬다.
3. 두부는 끓는 물에 데쳐서 사방 2cm 크기의 주사위 모양으로 썬다.
4. 채 썬 양파와 어린잎 채소, 바질은 찬물에 담갔다가 체에 밭쳐 물기를 뺀다.
5. 볼에 1, 2, 3, 4를 모두 넣고 버무린 뒤 그릇에 담는다.

1

2

3

4

5

- 바질 향이 싫다면 깻잎과 시금치처럼 친숙한 채소로 바꿔서 만들어도 좋아요.
- 드레싱을 믹서에 갈지 말고 절구로 으깨주면 향을 더 진하게 낼 수 있어요.

궁중떡볶이 | 완료기 이유식

아기는 아직 매운 떡볶이를 먹을 수 없어요. 그러니 간장으로 만든 궁중 떡볶이를 해보세요. 조랭이떡처럼 모양이 예쁜 떡을 사용해도 좋고, 가래떡을 잘라서 사용해도 좋아요. 떡볶이는 아기들이 잘 먹지만 잘못 삼키면 기도가 막힐 수 있으니 잘게 잘라 먹이고 먹을 때는 엄마가 세심하게 신경 써 주세요.

이유식 만드는 방법

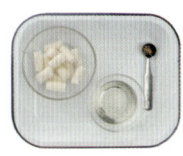

1. 떡볶이 떡은 0.5cm 두께로 썰어 끓는 물에 1분 정도 불린 후, 참기름을 약간 넣어 무친다.
2. 쇠고기는 찬물에 20분 정도 담가 핏물을 뺀 뒤 곱게 다져 배즙 1/3큰술을 넣고 재운다.
3. 양파, 당근, 표고버섯, 오이, 김은 1cm 크기로 채 썬다.
4. 달군 팬에 참기름을 약간 두르고 양파, 쇠고기, 당근, 표고버섯, 오이 순으로 넣고 볶는다. 어느 정도 익으면 분량의 육수를 넣고 약한 불에서 3분 정도 끓여 익힌다.
5. 4에 **1**의 떡을 넣고 3~4분 정도 더 익힌다.
6. 물이 자작해지면 나머지 배즙과 간장을 넣고 2분간 볶는다. 마지막에 김과 통깨를 넣고 불을 끈다.

* 재료
떡볶이 떡 100g, 쇠고기 안심 30g(2큰술)
양파 10g(1큰술), 당근 7g(2/3큰술)
표고버섯 5g(1큰술), 오이 5g(2/3큰술)
배즙 1/3큰술
육수(또는 물) 50cc(1/4컵)
김·간장·통깨·참기름 약간

1
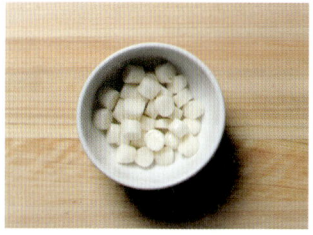

2

3

4

5

6

HANNAH'S TIP

- 떡이 너무 크다면 작게 썰어주세요.
- 떡이 너무 딱딱하다면 물에 불리거나 살짝 데쳐주세요.
- 쌀을 직접 방앗간에 맡겨서 떡을 뽑으면 좋아요.

단호박 고구마맛탕

완료기 다이어트

아기를 낳고 난 후, 어딘지 모르게 몸이 정상이 아니라는 느낌이 들었어요. 특히 여름에도 오한이 들고 추위를 많이 탔는데, 그때 효과가 좋은 음식이 단호박이었어요. 단호박에 들어있는 비타민E는 냉증을 완화시키는 효과가 있어요. 또한, 단호박은 비타민C도 풍부해 피부 미용에도 좋은 음식이에요.

다이어트 음식 만드는 방법

* 재료
단호박 80g, 고구마 80g
아가베시럽 2큰술
올리브 오일 2큰술
설탕 1/2큰술
올리고당 2큰술
아몬드 10g

1. 단호박과 고구마는 껍질을 벗겨 2.5cm 크기로 썬다.
2. 손질한 단호박과 고구마를 150도로 예열된 기름에 10~15분간 튀긴다.
3. 아몬드를 곱게 다진다.
4. 팬에 올리브 오일을 두르고 분량의 설탕, 아가베시럽, 올리고당을 넣은 후 설탕이 녹을 때까지 약한 불에서 끓인다. 설탕이 녹으면 튀긴 단호박과 고구마를 넣고 버무린다.
5. 4의 단호박과 고구마에 아몬드를 뿌려 섞는다.

1

2

3

4

5

HANNAH'S TIP

- 맛탕을 만들 때는 설탕을 넣어야 시럽을 굳힐 수 있어요.
- 아몬드가 아니라 다른 견과류를 사용해도 좋아요.
- 단호박의 수분 때문에 바삭한 감이 덜 할 수는 있어요.

토마토소스 해물소면 | 완료기 이유식

아기들은 밀가루로 만든 국수를 좋아해요. 특히 국수의 길쭉한 생김새에 관심이 많아서 가지고 놀고 싶어 하기도 하지요. 국수는 너무 많이 먹는 것은 좋지 않지만, 간혹 아기가 입맛이 없거나 밥을 먹기 싫다는 표현을 할 때는 별식으로 만들어주세요.

이유식 만드는 방법

1. 홍합살은 소금물에 흔들어 씻은 뒤, 검은 수염과 내장을 자른다. 새우살은 내장을 제거한 뒤 흐르는 물에 씻는다.
2. 토마토는 껍질을 벗기고 반을 갈라 씨를 제거한다.
3. 토마토는 믹서에 갈고, 양파와 마늘은 곱게 다진다.
4. 홍합살, 새우살은 0.7cm 크기로 썰고, 브로콜리는 굵게 다진다.
5. 달군 팬에 올리브 오일을 약간 두르고 마늘, 양파를 넣어 볶다가 토마토, 홍합살, 새우살, 브로콜리와 분량의 육수를 넣고 자작하게 졸인다.
6. 5에 소면을 삶아서 넣고 섞는다.

* 재료

소면 40g(1/3줌), 홍합살 30g
새우살 30g(3큰술), 토마토 1개
양파 10g(1큰술), 브로콜리 20g(2큰술)
마늘 1/2쪽, 올리브 오일 약간
육수(또는 물) 50cc(1/4컵)

1

2

3

4

5

6

HANNAH'S TIP

- 올리브 오일은 아기가 소화하기 힘드니 생으로 먹이는 것은 좋지 않아요.
- 스파게티 면보다는 소면이 소화가 더 잘 돼요.

당근 크림소스파스타 | 완료기 다이어트

당근은 베타카로틴 함유량이 높아요. 베타카로틴은 몸속에서 비타민A로 전환되는데 항산화 효과가 있어서 피부와 신체의 노화를 지연시켜주는 역할을 해요. 면역력도 높여주기 때문에 피곤하거나 많이 지쳤을 때 먹으면 좋아요.

다이어트 음식 만드는 방법

1. 손질한 당근은 스피롤리를 이용하여 면처럼 길게 뽑고, 볼에 담아 소금에 살짝 절여서 물기를 뺀다.
2. 감자와 우유를 믹서에 넣고 갈아준다.
3. 새우와 홍합은 손질해서 물기를 제거한다.
4. 냄비에 2의 우유와 생크림, 통후추, 월계수 잎을 넣고 감자가 익어 농도가 생길 때까지 끓인다.
5. 농도가 나오기 시작할 때 새우와 홍합을 넣고 끓인다.
6. 그릇에 완성된 소스를 담고 위에 1의 당근 면을 올린다.

* 재료
당근 1개, 새우 6개
손질한 홍합 8개
우유 200cc(1컵)
생크림 200cc(1컵), 감자 40g
통후추 3개, 월계수 잎 1장
바질 1장, 소금 약간

1

2

3

4

5

6

HANNAH'S TIP

- 당근은 스피롤리로 밀었을 때 길이가 길어지면 중간에 끊어질 수 있으니 면을 조심히 뽑으세요.
- 버터를 사용하지 않는 대신 생크림을 넣었는데, 기호에 따라 생략해도 좋아요.

라이스 채소피자 | 완료기 이유식

밥으로 만들어진 피자는 고소하고 바삭한 맛이 나기 때문에 아기들이 흥미를 보여요. 또한, 위에 올라가는 토핑을 다양하게 만들어 볼 수 있지요. 안 먹는 음식을 올리거나 영양의 균형을 생각해서 만들면 충분히 건강식이 될 수 있어요. 버터는 아직 사용하지 않는 것이 좋아요.

이유식 만드는 방법

1. 토마토는 껍질을 벗기고 반으로 갈라 씨를 제거한다.
2. 쇠고기는 찬물에 20분 정도 담가 핏물을 뺀다.
3. 쇠고기, 파프리카, 양파, 토마토는 다진다.
4. 팬에 올리브 오일을 약간 두르고 양파를 넣어 볶는다.
5. 4에 쇠고기, 파프리카, 토마토 순으로 넣어 볶는다.
6. 밥을 지름 10cm 크기로 피자 도우 모양으로 만든 뒤, 팬에 올리브 오일을 약간 두르고 앞뒤로 노릇하게 굽는다.
7. 구운 밥 위에 5를 올리고 치즈를 얹은 후에 뚜껑을 덮어 치즈를 녹인다.

＊재료

밥 90g(6큰술)
토마토 50g(1/5개)
쇠고기 20g(1큰술)
파프리카 10g(1큰술)
양파 10g(1큰술)
슬라이스 치즈(유아용) 1장
올리브 오일 약간

1

2

3

4

5

6

7

HANNAH'S TIP

- 전자레인지에 완성된 피자를 30초 정도 돌려도 치즈를 녹일 수 있어요.
- 밥으로 만든 피자는 고소한 맛이 나고 바삭한 식감이 특징이에요.

뿌리채소 오므라이스 | 완료기 다이어트

뿌리채소는 구황작물로 사용될 만큼 생명력이 길어요. 모든 영양 성분을 흙에서 섭취하는 것이 뿌리이기 때문에 영양분의 집합체라고 표현할 수 있어요. 특히 저장해놓고 먹을 수 있는 뿌리채소는 뿌리를 통째로 먹는 것이니 잎이나 열매를 먹는 것보다 더 건강에 좋지요. 고구마, 연근, 우엉, 당근과 같은 뿌리채소는 약알칼리성을 띠고 있어요.

다이어트 음식 만드는 방법

* 재료
현미밥 150g , 단호박 20g
고구마 20g, 감자 20g
연근 20g, 당근 20g
달걀 1개, 올리브 오일 약간
간장 약간, 참기름 약간
소금 약간, 후추 약간

1. 단호박, 고구마, 감자, 연근, 당근은 껍질을 벗겨 0.4cm 크기로 잘라 오븐에 5~8분간 굽는다.
2. 달궈진 팬에 올리브 오일을 두르고 **1**의 뿌리채소를 볶다가 밥을 넣고 볶는다.
3. 볶음밥에 소금, 후추, 간장, 참기름으로 간을 한다.
4. 볼에 달걀을 풀고 지단을 얇게 붙인다.
5. 달걀이 익으면 지단의 가운데에 볶음밥을 넣고 말아준 후 그릇에 담는다.

1

2

3

4

5

HANNAH'S TIP

- 익는 시간이 비슷한 재료이기 때문에 한꺼번에 넣고 익혀도 상관없어요.
- 지단에 마는 것이 어렵다면 지단을 구워서 덮어주어도 좋아요.

크림 소면파스타 | 완료기 이유식

생우유는 한번에 너무 많은 양을 먹이지 말고, 아기의 반응을 보면서 조금씩 양을 늘려주세요. 평소에 아기가 먹던 분유나 모유에 생우유를 혼합해서 소스를 만들어 먹이면 아기가 어렵지 않게 생우유를 받아들여요.
아기들이 파스타처럼 소스가 있는 국수를 먹다 보면 식탁과 집안이 엉망이 되는 경우가 있지만, 너무 다그치지 말고 깨끗이 먹을 수 있도록 아기를 도와주세요.

이유식 만드는 방법

1. 손질한 감자는 10분 정도 삶아서 체에 곱게 으깬다.
2. 청피망, 홍피망, 양송이버섯, 새우, 양파는 사방 0.7cm 크기로 다진다.
3. 올리브 오일을 두른 팬에 다진 양파, 마늘, 피망, 새우, 양송이버섯 순으로 볶는다.
4. 3에 분량의 우유를 붓고 5분 정도 끓인다.
5. 4에 1의 으깬 감자를 넣고 주걱으로 저으면서 5분간 끓인다.
6. 소면은 소금을 약간 넣은 물에 4분 정도 삶은 후 물기를 빼고 5에 섞는다.

* 재료

소면 40g(1/3줌), 감자 30g(3큰술)
청피망 15g(1과 1/2큰술)
홍피망 15g(1과 1/2큰술), 양송이버섯 10g(2큰술)
새우 10g(1큰술), 양파 10g(1큰술)
마늘 5g(1작은술), 우유 200cc(1컵)
올리브 오일 약간, 소금 약간

1

2

3

4

5

6

HANNAH'S TIP

- 아직 우유를 먹지 않는 아기라면 분유나 모유로 대체하세요.
- 돌이 지나면 서서히 우유를 먹는 연습을 시키세요.

수박스테이크

완료기 다이어트

수박은 수분이 많아서 쉽게 포만감을 느끼게 해요. 특히 컬러푸드의 대표적인 식재료로 붉은색 컬러푸드에 있는 리코펜(lycopene) 성분이 들어있어요. 수박은 항산화 효과가 뛰어나기 때문에 노화를 예방하는 효과가 있어요. 또한, 수박 껍질에 많이 들어 있는 시트룰린(citrulline) 성분은 건조한 피부를 촉촉하게 만들어주지요.

다이어트 음식 만드는 방법

1. 수박을 1cm 두께로 썬다.
2. 올리브 오일을 두른 팬에 굽다가 화이트와인을 붓는다.
3. 소금, 후추로 간한다.
4. 그릇에 채소를 담고 발사믹 글레이즈를 뿌린다.
5. 완성된 스테이크에 바질 잎을 곁들인다.

✱ 재료
수박 3조각
화이트와인 1/4컵
올리브 오일 약간
소금 약간, 후추 약간
바질 3장

발사믹 글레이즈드레싱 재료
발사믹 식초 2와 1/2컵
아가베시럽 3큰술, 타임 10g, 마늘 10g

1

2

3

4

- 수박을 구울 때는 중불에서 오래 구워주세요.
- 발사믹 식초를 곁들여도 괜찮아요.

프렌치토스트 | 완료기 이유식

프렌치토스트에 설탕을 사용하지 않고 아가베시럽을 사용했어요. 천연에서 얻을 수 있는 시럽을 이용해서 음식을 만들어주세요. 돌 이전의 아기가 꿀을 먹으면 식중독을 일으킬 염려가 있어요. 꿀을 사용하고 싶다면 돌이 지난 후 조금씩 테스트해보고 먹이는 것이 좋아요.

이유식 만드는 방법

1. 달걀은 알끈을 제거하고 풀어 아가베시럽과 우유를 섞는다.
2. 식빵은 가장자리를 자르고 **1**의 달걀 물에 넣어 5분 정도 담근다.
3. 달군 냄비에 버터를 두른 뒤 빵을 넣고 앞뒤로 노릇하게 구워 4등분한다.

* 재료

식빵 1장
달걀 1개
아가베시럽 1작은술
우유 1큰술
무염 버터 약간

1

2

3

HANNAH'S TIP

- 설탕 대신 아가베시럽을 사용하면 좋아요.
- 아가베시럽이 없을 경우 메이플시럽이나 꿀로 대체해도 돼요. 가능하다면 천연 시럽을 사용하세요.

양파 감자 아몬드밀크수프 | 완료기 다이어트

우유에 알레르기가 있는 아기나 우유를 소화시키지 못하는 아기에게 우유와 흡사한 맛을 느끼게 하고 싶다면 아몬드밀크를 사용해보세요. 아몬드에는 비타민 E, 칼륨, 인, 칼슘이 풍부하게 들어있어요. 칼슘과 인은 뼈에 좋은 성분이기 때문에 아기, 성장기 어린이나 산후 여성에게 좋은 음식이에요.

다이어트 음식 만드는 방법

＊재료
감자 1개
양파 1/4개
아몬드밀크 200cc(1컵)

1. 감자를 편으로 썰어 끓는 물에 삶는다.
2. 삶은 감자를 체에 곱게 내린다.
3. 양파는 0.3cm 두께로 잘게 다져 끓는 물에 살짝 데친다.
4. 냄비에 감자와 양파 아몬드밀크를 넣고 주걱으로 저으면서 끓인다.

1

2

3

4

● 수프는 걸쭉하게 농도가 생길 때까지 끓여주세요.

- 감자는 뜨거울 때 체에 내려야 더 잘 내려가요.
- 아몬드밀크는 8시간 이상 물에 불린 아몬드와 생수를 1대 1 비율로 갈아서 면포에 걸러 만들어요.
- 아몬드밀크는 시판하는 것도 있어요.

아기튼튼 간식 · FOR BABY

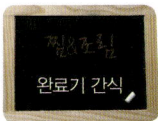
찜&조림
완료기 간식

● 달걀 애호박찜

* 재료
달걀노른자 2개, 애호박 1/2개, 두부 15g(1큰술)
당근 5g(2/3큰술), 적양배추 5g(1큰술)
육수(또는 물) 140cc(2/3컵)

1. 달걀노른자는 거품기로 푼다.
2. 두부를 곱게 으깬다.
3. 당근, 적양배추는 사방 0.4cm 크기로 다져서 달걀과 두부, 분량의 육수를 섞는다.
4. 애호박을 모양 틀로 찍는다.
5. 4의 애호박에 3의 재료를 넣고 찜기에 15분 정도 찐다.

●●● 캐슈너트 소스 채소찜

* 재료
캐슈너트 10g(1큰술), 고구마 30g(4큰술), 감자 30g(3큰술)
단호박 30g(4큰술), 우유 4큰술

1. 고구마, 감자, 단호박은 삶아서 사방 1cm로 썬다.
2. 캐슈너트와 우유를 믹서에 곱게 간다.
3. 고구마, 감자, 단호박을 그릇에 담고 **2**의 소스를 곁들인다.

달걀 애호박찜

달걀 가지찜

캐슈너트 소스 채소찜

멸치 견과류조림

●● 달걀 가지찜

* 재료
달걀노른자 2개, 가지 1/2개, 두부 15g(1큰술), 애호박 5g(1/2큰술)
양배추 5g(1큰술), 육수(또는 물) 1/3컵 (140cc)

1. 달걀노른자는 거품기로 푼다.
2. 두부를 곱게 으깬다.
3. 애호박, 양배추는 사방 0.4cm 크기로 다져서 달걀과 두부, 분량의 육수를 섞는다.
4. 가지를 모양 틀로 찍는다.
5. 4의 가지에 3의 재료를 넣고 찜기에 10분 정도 찐다.

●●●● 멸치 견과류조림

* 재료
잔 멸치 30g(6큰술), 호두 15g(2큰술), 흑임자 10g(1과 1/3큰술)
아가베시럽 1큰술, 참기름 약간

1. 기름을 두르지 않은 팬에 잔 멸치를 바삭하게 볶아서 절구에 살짝 으깬다.
2. 호두는 굵게 다진다.
3. 팬에 참기름을 조금 넣고 **1**의 멸치, **2**의 호두와 흑임자를 넣고 볶는다.
4. 불을 끄고 아가베시럽을 넣은 후 잔열로 볶는다.

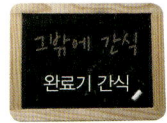

● 약식

*** 재료**

찹쌀 150g(10큰술), 밤 10개, 호두 20g(2큰술)
건포도 30g(3큰술), 잣 10g(1큰술), 간장 1과 1/2큰술
아가베시럽 1큰술, 물 150cc(3/4컵)

1. 찹쌀은 40분 이상 불려서 물기를 뺀다.
2. 물, 간장, 아가베시럽을 섞는다.
3. 밤, 호두, 건포도는 굵게 다진다.
4. **1**의 찹쌀, **3**의 밤, 호두, 건포도, 분량의 잣을 밥솥에 넣고 **2**의 소스를 부어서 밥을 짓는다.

●●● 베이비 리코타 치즈

*** 재료**

레몬 1/2개, 우유 600cc(3컵)

1. 레몬은 굵은 소금으로 문질러 닦는다.
2. 레몬을 손으로 눌러서 굴린 다음 반으로 잘라 즙을 짠다.
3. 냄비에 우유를 붓고 중불로 데우다가 냄비 주변에 기포가 생기면 레몬즙을 넣고 1분 뒤에 불을 끈다.
4. **3**을 체에 받친 거즈에 내린다.

약식

베이비 리코타 치즈　　토마토 달걀볶음

바나나 콘 슬로우

●● 토마토 달걀볶음

*** 재료**

토마토 1개, 달걀 1개, 양파 1/4개, 파프리카 1/4개
우유 4큰술, 올리브 오일 약간

1. 토마토는 끓는 물에 데쳐서 껍질을 벗기고 반을 갈라 씨를 빼낸다.
2. 토마토, 양파, 파프리카는 사방 0.5cm로 썬다.
3. 달걀은 알끈을 제거하고 잘 푼다.
4. 올리브 오일을 약간 두르고 **2**의 토마토, 양파, 파프리카를 볶다가 **3**의 달걀을 넣고 볶는다.

●●●● 바나나 콘슬로우

*** 재료**

옥수수 1/2개, 바나나 1/3개

1. 옥수수는 삶아서 절구에 으깬다.
2. 바나나와 **1**의 옥수수를 섞는다.

● 아가베시럽을 섞어주면 더 맛있게 먹어요.

Schedule Diary

baby&mom 스케줄 다이어리는 초기, 중기, 후기, 완료기로 나누어
월별, 날짜별로 이유식과 다이어트 식단을 구성한 스케줄 표입니다.
엄마의 다이어트 스케줄은 매일 다양한 식재료를 활용해
식단을 짤 수 있게 구성했어요.
그래야 질리지 않고 맛있는 다이어트 식사를 할 수 있기 때문이지요.
그날의 이유식 식재료로만 만들기보다 냉장고에 있는
여러 식재료를 활용해 다양한 식단을 구성해보세요.

초기 1
Schedule

BABY & MOM SCHEDULE DIARY

초기 이유식과 다이어트 1

Ⓑ 아침

	___요일 ___월 ___일	___요일 ___월 ___일	___요일 ___월 ___일	___요일 ___월 ___일	___요일 ___월 ___일	___요일 ___월 ___일	___요일 ___월 ___일
이유식	쌀미음	쌀미음	쌀미음	찹쌀미음	찹쌀미음	감자미음	감자미음
다이어트	Ⓑ 레몬주스	Ⓑ 벌꿀레몬주스	Ⓑ 감자바나나 아보카도스무디	Ⓑ 고구마셰이크	Ⓑ 사과당근감자주스	Ⓑ 벌꿀레몬주스	Ⓑ 오이사과레몬주스
memo							

	___월 ___일	___월 ___일	___월 ___일	___월 ___일	___월 ___일	___월 ___일	___월 ___일
이유식	감자미음	고구마미음	고구마미음	고구마미음	단호박오이미음	단호박오이미음	양배추비타민미음
다이어트	Ⓑ 감자바나나 아보카도스무디	Ⓑ 고구마셰이크	Ⓑ 오이오렌지주스	Ⓑ 호박고구마 바나나망고스무디	Ⓑ 오이사과 레몬주스	Ⓑ 단호박 요거트셰이크	Ⓑ 양배추사과주스
memo							

BABY & MOM SCHEDULE DIARY

초기 이유식과 다이어트 1

Ⓑ 아침

	___요일 ___월 ___일	___요일 ___월 ___일	___요일 ___월 ___일	___요일 ___월 ___일	___요일 ___월 ___일	___요일 ___월 ___일	___요일 ___월 ___일
이유식	양배추바타민미음	애호박배추미음	애호박배추미음	청경채무미음	청경채무미음	브로콜리감자미음	브로콜리감자미음
다이어트	Ⓑ 바타민주스	Ⓑ 애호박사과셰이크	Ⓑ 배추수박주스	Ⓑ 무수삼 파인애플셰이크	Ⓑ 청경채 사과셰이크	Ⓑ 브로콜리배주스	Ⓑ 사과당근감자주스
memo							

	___월 ___일	___월 ___일	___월 ___일	___월 ___일	___월 ___일	___월 ___일	___월 ___일
이유식	완두콩사과미음	완두콩사과미음	고구마청경채미음	고구마청경채미음	닭고기시금치미음	닭고기시금치미음	양배추바타민미음
다이어트	Ⓑ 완두콩 사과셰이크	Ⓑ 사과당근주스	Ⓑ 청경채 사과셰이크	Ⓑ 밤고구마 수박청경채주스	Ⓑ 벌꿀레몬주스	Ⓑ 단호박 요거트셰이크	Ⓑ 파프리카배 요거트
memo							

BABY & MOM SCHEDULE DIARY

초기 이유식과 다이어트 2

Ⓑ 아침　🍴 간식

	___요일 ___월 ___일	___요일 ___월 ___일	___요일 ___월 ___일	___요일 ___월 ___일	___요일 ___월 ___일	___요일 ___월 ___일	___요일 ___월 ___일
이유식	단호박오이미음	애호박배추미음	청경채무미음	고구마청경채미음 🍴 감자고구마퓨레	단호박오이미음 🍴 감자고구마퓨레	완두콩사과미음 🍴 고구마고구마퓨레	양배추바나나미음 🍴 고구마고구마퓨레
다이어트	Ⓑ 단호박 요거트셰이크	Ⓑ 애호박사과셰이크	Ⓑ 청경채 사과셰이크	Ⓑ 밤고구마 수박청경채주스	Ⓑ 오이오렌지주스	Ⓑ 완두콩 사과셰이크	Ⓑ 양배추사과주스

memo

	___월 ___일	___월 ___일	___월 ___일	___월 ___일	___월 ___일	___월 ___일	___월 ___일
이유식	청경채무미음 🍴 단호박퓨레	고구마청경채미음 🍴 단호박퓨레	단호박오이미음 🍴 완두콩퓨레	완두콩사과미음 🍴 감자고구마퓨레	애호박배추미음 🍴 사과퓨레	양배추바나나미음 🍴 고구마고구마퓨레	단호박오이미음 🍴 단호박퓨레
다이어트	Ⓑ 청경채 사과셰이크	Ⓑ 고구마셰이크	Ⓑ 오이사과레몬주스	Ⓑ 사과당근 감자주스	Ⓑ 배추수박주스	Ⓑ 비타민주스	Ⓑ 단호박 요거트셰이크

memo

BABY & MOM SCHEDULE DIARY

초기 이유식과 다이어트 2

Ⓑ 아침 Ⓓ 저녁 🍴 간식

	___요일 ___월 ___일	___요일 ___월 ___일	___요일 ___월 ___일	___요일 ___월 ___일	___요일 ___월 ___일	___요일 ___월 ___일	___요일 ___월 ___일
이유식	애호박배추미음 🍴완두콩퓌레	완두콩사과미음 🍴사과퓌레	고구마청경채미음 🍴단호박퓌레	쇠고기청경채죽 🍴완두콩퓌레	쇠고기청경채죽 🍴사과퓌레	닭고기연근비타민죽 🍴애호박사과퓌레	닭고기연근비타민죽 🍴애호박사과퓌레
다이어트	Ⓑ배추수박주스	완두콩사과셰이크	Ⓑ호박고구마 바나나팥고스무디	Ⓑ사과당근주스 Ⓓ찰둥박이 청경채팥이샐러드	Ⓑ청경채 사과셰이크 Ⓓ고구마샐러드	Ⓑ비타민주스 Ⓓ닭가슴살 연근샐러드	Ⓑ애호박 사과셰이크 Ⓓ닭가슴살 시금치샐러드
memo							

	___월 ___일	___월 ___일	___월 ___일	___월 ___일	___월 ___일	___월 ___일	___월 ___일
이유식	쇠고기완두콩당근죽 🍴브로콜리배퓌레	쇠고기완두콩당근죽 🍴브로콜리배퓌레	닭고기시금치두부죽 🍴완두콩퓌레	닭고기시금치두부죽 🍴단호박퓌레	쇠고기표고버섯 양배추죽 옥수수단호박수프 🍴애호박사과퓌레	쇠고기표고버섯 양배추죽 옥수수단호박수프 🍴브로콜리배퓌레	닭고기 고구마찹쌀죽 브로콜리수프 🍴사과퓌레
다이어트	Ⓑ브로콜리배주스 Ⓓ완두콩당근샐러드	Ⓑ사과당근주스 Ⓓ찰둥박이 청경채팥이샐러드	완두콩사과셰이크 Ⓓ닭가슴살 시금치샐러드	Ⓑ단호박 요거트셰이크 Ⓓ닭가슴살 연근샐러드	Ⓑ애호박사과셰이크 Ⓓ버섯샐러드	Ⓑ양배추사과주스 Ⓓ버섯샐러드	Ⓑ밤고구마수박 청경채주스 Ⓓ고구마샐러드
memo							

중기 1 Schedule

BABY & MOM SCHEDULE DIARY

중기 이유식과 다이어트 1

B 아침 D 저녁 간식

	요일 월 일	요일 월 일	요일 월 일	요일 월 일	요일 월 일	요일 월 일	요일 월 일
이유식	닭고기 고구마찹쌀죽 브로콜리수프 감자완두콩퓨레	쇠고기채소죽 닭고기시금치두부죽 밤당근퓨레	쇠고기채소죽 쇠고기완두콩당근죽 단호박연두부퓨레	대구시금치죽 옥수수단호박수프 감자완두콩퓨레	대구시금치죽 쇠고기청경채죽 배시금치주스	쇠고기 표고버섯양배추죽 브로콜리수프 베이비두유	닭고기 연근비타민죽 쇠고기청경채죽 사과오이주스
다이어트	B 고구마셰이크 D 브로콜리 토마토샐러드	B 사과당근주스 D 쇠고기 구운채소샐러드	B 단호박 요거트셰이크 D 완두콩 당근샐러드	B 감자바나나 아보카도스무디 D 대구프라이샐러드	B 청경채 사과셰이크 D 닭가슴살 시금치샐러드	B 브로콜리배추스 D 버섯샐러드	B 사과당근주스 D 닭가슴살 연근샐러드
memo							
	월 일	월 일	월 일	월 일	월 일	월 일	월 일
이유식	쇠고기 표고버섯양배추죽 쇠고기채소죽 배시금치주스	닭가슴살 시금치두부죽 옥수수단호박수프 단호박연두부퓨레	대구시금치죽 브로콜리수프 감자완두콩퓨레	쇠고기 완두콩당근죽 쇠고기 고구마찹쌀죽 고구마 달걀노른자퓨레	닭고기 고구마찹쌀죽 브로콜리수프 사과오이주스	닭고기 연근비타민죽 쇠고기 완두콩당근죽 밤당근퓨레	쇠고기표고버섯 양배추죽 옥수수단호박수프 감자완두콩퓨레
다이어트	B 양배추사과주스 D 쇠고기 구운채소샐러드	B 단호박 요거트셰이크 D 닭가슴살 시금치샐러드	B 감자바나나 아보카도스무디 D 대구 프라이샐러드	B 호박고구마 바나나땅콩스무디 D 완두콩 당근샐러드	B 고구마셰이크 D 브로콜리 토마토샐러드	B 완두콩사과셰이크 D 닭가슴살 연근샐러드	B 감자바나나 아보카도스무디 D 옥수수 단호박샐러드
memo							

중기 이유식과 다이어트 1

Ⓑ 아침　Ⓓ 저녁　↑↑ 간식

	___요일 ___월 ___일	___요일 ___월 ___일	___요일 ___월 ___일	___요일 ___월 ___일	___요일 ___월 ___일	___요일 ___월 ___일	___요일 ___월 ___일
이유식	쇠고기완두콩당근죽 쇠고기채소죽 ↑↑ 사과오이주스	닭고기 시금치두부죽 브로콜리수프 ↑↑ 감자완두콩메시	쇠고기청경채죽 브로콜리수프 ↑↑ 고구마 달걀노른자메시	닭고기연근비타민죽 옥수수단호박수프 ↑↑ 베이비두유	쇠고기현미대추죽 대구시금치죽 ↑↑ 고구마 달걀노른자메시	쇠고기현미대추죽 옥수수단호박수프 ↑↑ 베이비두유 자두라떼	대구시금치죽 쇠고기채소죽 ↑↑ 감자완두콩메시
다이어트	Ⓑ 오이사과레몬주스 Ⓓ 완두콩 당근샐러드	Ⓑ 완두콩사과세이크 Ⓓ 닭가슴살 시금치샐러드	Ⓑ 밤고구마 청경채수박주스 Ⓓ 고구마샐러드	Ⓑ 단호박 요거트세이크 Ⓓ 닭가슴살 연근샐러드	Ⓑ 호박고구마 바나나망고스무디 Ⓓ 현미그린샐러드	Ⓑ 사과당근스 Ⓓ 옥수수 단호박샐러드	Ⓑ 애호박 사과세이크 Ⓓ 쇠고기 구운채소샐러드
memo							

	___월 ___일	___월 ___일	___월 ___일	___월 ___일	___월 ___일	___월 ___일	___월 ___일
이유식	쇠고기현미밤 애호박죽 대구시금치죽 ↑↑ 감자완두콩메시	닭고기연근비타민죽 쇠고기청경채죽 ↑↑ 베이비두유	쇠고기현미대추죽 브로콜리수프 ↑↑ 밤당근메시	대구시금치죽 옥수수단호박수프 ↑↑ 베이비두유 자두라떼	닭고기고구마찹쌀죽 쇠고기채소죽 ↑↑ 고구마 달걀노른자메시	쇠고기채소죽 쇠고기현미애호박죽 ↑↑ 사과오이주스	쇠고기채소죽 옥수수단호박수프 ↑↑ 감자완두콩메시
다이어트	Ⓑ 감자바나나 아보카도스무디 Ⓓ 대구프라이 샐러드	Ⓑ 비타민주스 Ⓓ 차돌박이 청경채샐러드	Ⓑ 브로콜리배주스 Ⓓ 현미그린샐러드	Ⓑ 호박고구마 바나나망고스무디 Ⓓ 옥수수 단호박샐러드	Ⓑ 애호박 사과세이크 Ⓓ 쇠고기 구운채소샐러드	Ⓑ 오이오렌지주스 Ⓓ 애호박 토마토샐러드	Ⓑ 사과당근주스 Ⓓ 옥수수 단호박샐러드
memo							

중기 2 Schedule

BABY & MOM SCHEDULE DIARY

중기 이유식과 다이어트 2

Ⓑ 아침 Ⓓ 저녁 🍴 간식

	___요일 ___월 ___일	___요일 ___월 ___일	___요일 ___월 ___일	___요일 ___월 ___일	___요일 ___월 ___일	___요일 ___월 ___일	___요일 ___월 ___일
이유식	쇠고기현미대추죽 옥수수단호박수프 🍴베이비두유 자두라떼	대구시금치죽 쇠고기현미대추죽 🍴고구마 달걀노른자메시	쇠고기채소죽 대구시금치죽 🍴감자완두콩메시	닭고기연근비타민죽 쇠고기청경채죽 🍴베이비두유	닭가슴살 고구마찹쌀죽 쇠고기채소죽 🍴고구마 달걀노른자메시	쇠고기채소죽 쇠고기현미애호박죽 🍴사과오이주스	쇠고기현미애호박죽 옥수수단호박수프 🍴감자완두콩메시
다이어트	Ⓑ단호박 요거트셰이크 Ⓓ쇠고기 토마토샐러드	Ⓑ고구마셰이크 Ⓓ닭가슴살 시금치샐러드	Ⓑ완두콩사과셰이크 Ⓓ대구프라이 샐러드	Ⓑ청경채사과 셰이크 Ⓓ닭가슴살 연근샐러드	Ⓑ밤고구마수박 청경채주스 Ⓓ브로콜리 토마토샐러드	Ⓑ애호박사과셰이크 Ⓓ쇠고기 구운채소샐러드	Ⓑ완두콩사과셰이크 Ⓓ애호박 토마토샐러드

memo

	___월 ___일	___월 ___일	___월 ___일	___월 ___일	___월 ___일	___월 ___일	___월 ___일
이유식	쇠고기채소죽 옥수수단호박수프 🍴감자완두콩메시	쇠고기표고버섯 양배추죽 브로콜리수프 🍴밤당근메시	닭고기연근비타민죽 쇠고기청경채죽 🍴베이비두유	쇠고기채소죽 쇠고기완두콩당근죽 🍴단호박연두부메시	닭고기고구마찹쌀죽 브로콜리수프 🍴사과오이주스	대구시금치죽 쇠고기현미대추죽 🍴고구마 달걀노른자메시	쇠고기현미대추죽 옥수수단호박수프 🍴베이비두유 자두라떼
다이어트	Ⓑ감자바나나 아보카도스무디 Ⓓ옥수수 단호박샐러드	Ⓑ양배추사과주스 Ⓓ브로콜리 토마토샐러드	Ⓑ청경채사과셰이크 Ⓓ닭가슴살 연근샐러드	Ⓑ단호박 요거트셰이크 Ⓓ완두콩 당근샐러드	Ⓑ완두콩사과셰이크 Ⓓ브로콜리 토마토샐러드	Ⓑ고구마셰이크 Ⓓ대구프라이 샐러드	Ⓑ애호박 사과셰이크 Ⓓ옥수수 단호박샐러드

memo

BABY & MOM SCHEDULE DIARY

중기 이유식과 다이어트 2

ⒷⒶ아침 ⓁⒶ점심 ⒹⒶ저녁 🍴간식

	__요일 _월_일	__요일 _월_일	__요일 _월_일	__요일 _월_일	__요일 _월_일	__요일 _월_일	__요일 _월_일
이유식	쇠고기현미대추죽 완두콩애호박진밥 쇠고기미역진밥 🍴베이비두유	쇠고기현미애호박죽 닭고기연근 비타민진밥 쇠고기채소진밥 🍴바나나 1개	단호박찹쌀진밥 쇠고기미역진밥 들깨새우진밥 🍴감자완두콩매시	쇠고기미역진밥 두부팽이버섯진밥 쇠고기숙주진밥 🍴베이비두유라떼	두부팽이버섯진밥 완두콩애호박진밥 단호박찹쌀진밥 🍴바나나 1개	단호박찹쌀진밥 완두콩애호박진밥 쇠고기숙주진밥 🍴자몽당근요거트	들깨새우진밥 쇠고기채소진밥 대구시금치진밥 🍴단호박양갱
다이어트	Ⓑ사과당근주스 Ⓛ현미그린샐러드 Ⓓ애호박 파스타샐러드	Ⓑ애호박사과셰이크 Ⓛ닭가슴살 연근샐러드 Ⓓ현미그린샐러드	Ⓑ밤고구마수박 청경채주스 Ⓛ애호박 파스타샐러드 Ⓓ단호박 견과류샐러드	Ⓑ청경채 사과셰이크 Ⓛ쇠고기미역 월남쌈 Ⓓ쇠고기 토마토샐러드	Ⓑ단호박 요거트셰이크 Ⓛ두부페이스트라 이청경채샐러드 Ⓓ버섯샐러드	Ⓑ청경채 사과셰이크 Ⓛ쇠고기 토마토샐러드 Ⓓ완두콩 당근샐러드	Ⓑ사과당근주스 Ⓛ들깨새우샐러드 Ⓓ대구프라이 샐러드
memo							

	_월_일	_월_일	_월_일	_월_일	_월_일	_월_일	_월_일
이유식	쇠고기미역진밥 두부팽이버섯진밥 완두콩애호박진밥 🍴바나나 1개	쇠고기현미 애호박진밥 대구시금치진밥 쇠고기채소진밥 🍴단호박배요거트	두부팽이버섯진밥 들깨새우진밥 쇠고기현미대추진밥 🍴참외범벅	단호박찹쌀진밥 두부팽이버섯진밥 대구시금치진밥 🍴고구마양갱	쇠고기미역진밥 청경채옥수수진밥 들깨새우진밥 🍴바나나수박범벅	들깨새우진밥 청경채옥수수진밥 쇠고기숙주진밥 🍴단호박양갱	쇠고기채소진밥 고구마채소진밥 쇠고기숙주진밥 🍴바나나 1개
다이어트	Ⓑ애호박사과셰이크 Ⓛ쇠고기 미역월남쌈 Ⓓ완두콩당근샐러드	Ⓑ단호박 요거트셰이크 Ⓛ대구살프라이 샐러드 Ⓓ고구마샐러드	Ⓑ호박고구마 바나나망고스무디 Ⓛ들깨새우샐러드 Ⓓ버섯샐러드	Ⓑ단호박 요거트셰이크 Ⓛ닭가슴살 시금치샐러드 Ⓓ현미 그린샐러드	Ⓑ배추수박주스 Ⓛ쇠고기 미역월남쌈 Ⓓ참치 옥수수샐러드	Ⓑ청경채 사과셰이크 Ⓛ라임 청경채샐러드 Ⓓ버섯샐러드	Ⓑ고구마셰이크 Ⓛ애호박 토마토샐러드 Ⓓ매시고구마 리코타치즈샐러드
memo							

후기 이유식과 다이어트

B 아침 L 점심 D 저녁 ⊕ 간식

	___요일 월___일	___요일 월___일	___요일 월___일	___요일 월___일	___요일 월___일	___요일 월___일	___요일 월___일
이유식	고구마채소진밥 쇠고기양송이진밥 두부팽이버섯진밥 ⊕ 바나나1개	들깨새우진밥 청경채옥수수진밥 쇠고기숙주진밥 ⊕ 리코타치즈	쇠고기양송이진밥 대구살무진밥 쇠고기채소진밥 ⊕ 참외범벅	쇠고기현미 애호박진밥 대구시금치진밥 쇠고기채소진밥 ⊕ 베이비두유	대구살무진밥 쇠고기현미 애호박진밥 들깨새우진밥 ⊕ 단호박양갱	두부팽이버섯진밥 고구마채소진밥 쇠고기양송이진밥 ⊕ 바나나수박범벅	청경채옥수수진밥 두부팽이버섯진밥 대구시금치진밥 ⊕ 자두당근요거트
	B 청경채 사과셰이크 L 쇠고기실곤들래터 D 버섯샐러드	B 사과당근주스 L 참치옥수수샐러드 D 메시고구마 리코타치즈샐러드	B 무수슈 파인애플주스 L 생선볼 &채소스틱 D 닭고기 연근샐러드	B 호박고구마 바나나망고스무디 L 닭가슴살 시금치샐러드 D 쇠고기 토마토샐러드	B 애호박 사과셰이크 L 생선볼&채소스틱 D 현미그린샐러드	B 배추수박주스 L 쇠고기 구운채소샐러드 D 고구마샐러드	B 사과당근주스 L 참치옥수수샐러드 D 대구프라이 샐러드

memo

	월___일	월___일	월___일	월___일	월___일	월___일	월___일
이유식	대구시금치진밥 쇠고기가지덮밥 대구단호박리소토 ⊕ 베이비두유라떼	쇠고기버섯리소토 두부팽이버섯진밥 호랑이 강낭콩연근진밥 ⊕ 고구마양갱	호랑이강낭콩 연근진밥 쇠고기양송이진밥 청경채옥수수진밥 ⊕ 단호박양갱	청경채옥수수진밥 현미닭고기사과덮밥 고구마채소진밥 ⊕ 단호박요거트	두부팽이버섯진밥 대구단호박리소토 고구마채소진밥 ⊕ 바나나수박범벅	대구살무진밥 쇠고기양송이진밥 현미닭고기사과덮밥 ⊕ 자두당근요거트	쇠고기채소진밥 새우두부진밥 쇠고기가지덮밥 ⊕ 참외범벅
다이어트	B 감자바나나 아보카도스무디 L 대구프라이샐러드 D 가지곤약샐러드	B 밤고구마수박 청경채주스 L 연근칩샐러드 D 버섯샐러드	B 단호박 요거트셰이크 L 연근칩샐러드 D 참치옥수수샐러드	B 청경채사과 셰이크 L 메시고구마 리코타치즈샐러드 D 참치 옥수수샐러드	B 배추수박주스 L 사과 퀴노아샐러드 D 현미그린샐러드	B 무수슈 파인애플주스 L 생선볼&채소스틱 D 단호박 견과류샐러드	B 호박고구마 바나나망고스무디 L 가지곤약샐러드 D 고구마샐러드

memo

BABY & MOM SCHEDULE DIARY

후기 이유식과 다이어트

Ⓑ아침 Ⓛ점심 Ⓓ저녁 🍴간식

	___요일 ___월 ___일	___요일 ___월 ___일	___요일 ___월 ___일	___요일 ___월 ___일	___요일 ___월 ___일	___요일 ___월 ___일	___요일 ___월 ___일
이유식	완두콩애호박진밥 쇠고기채소진밥 두부팽이버섯진밥 🍴찹쌀범벅	새우두부진밥 쇠고기가지덮밥 청경채옥수수진밥 🍴제철과일	쇠고기숙주진밥 현미들깨고기사라덮밥 들깨새우진밥 🍴고구마양갱	호박이강낭콩 연근진밥 청경채옥수수진밥 쇠고기양송이진밥 🍴단호박양갱	완두콩애호박진밥 쇠고기숙주진밥 두부팽이버섯진밥 🍴자두당근요거트	고구마채소진밥 새우두부진밥 쇠고기버섯리소토 🍴바나나수박범벅	대구시금치진밥 쇠고기양송이진밥 들깨새우진밥 🍴제철과일
다이어트	Ⓑ 애호박사과 셰이크 Ⓛ 쇠고기 살구플래터 Ⓓ 버섯샐러드	Ⓑ 청경채 사과셰이크 Ⓛ 가지곤약샐러드 Ⓓ 사라퀴노아샐러드	Ⓑ 고구마셰이크 Ⓛ 버섯샐러드 Ⓓ 주꾸미샐러드	Ⓑ 호박고구마 바나나망고스무디 Ⓛ 참치 옥수수샐러드 Ⓓ 쇠고기 토마토샐러드	Ⓑ 사과당근주스 Ⓛ 완두콩 당근샐러드 Ⓓ 쇠고기살구플랫터	Ⓑ 고구마셰이크 Ⓛ 들깨새우 샐러드 Ⓓ 버섯샐러드	Ⓑ 배추수박주스 Ⓛ 대구프라이 샐러드 Ⓓ 사라 퀴노아샐러드
memo							

	___월 ___일	___월 ___일	___월 ___일	___월 ___일	___월 ___일	___월 ___일	___월 ___일
이유식	들깨새우진밥 쇠고기가지덮밥 대구단호박리소토 🍴동그랑땡	쇠고기숙주진밥 대구살무진밥 청경채옥수수진밥 🍴단호박배요거트	쇠고기양송이진밥 현미들깨고기사라덮밥 새우두부진밥 🍴제철과일	두부팽이버섯진밥 대구시금치진밥 고구마채소진밥 🍴바나나콘술로우	청경채옥수수진밥 쇠고기버섯리소토 대구살무진밥 🍴완자	새우두부진밥 쇠고기가지덮밥 치즈잔멸치진밥 🍴제철과일	치즈잔멸치진밥 대구단호박리소토 새우두부진밥 🍴리코타치즈
다이어트	Ⓑ 단호박 요거트셰이크 Ⓛ 들깨새우샐러드 Ⓓ 가지곤약샐러드	Ⓑ 무수슈 파인애플주스 Ⓛ 생선볼&채소스틱 Ⓓ 쇠고기토마토 샐러드	Ⓑ 사과당근주스 Ⓛ 쇠고기 살구플랫터 Ⓓ 사과퀴노아 샐러드	Ⓑ 고구마셰이크 Ⓛ 닭가슴살 시금치샐러드 Ⓓ 고구마샐러드	Ⓑ 청경채사라 셰이크 Ⓛ 생선볼 &채소스틱 Ⓓ 버섯샐러드	Ⓑ 단호박 요거트셰이크 Ⓛ 들깨 새우샐러드 Ⓓ 가지 곤약샐러드	Ⓑ 오이사과레몬주스 Ⓛ 쭈꾸미샐러드 Ⓓ 아보카도 단호박샐러드
memo							

BABY & MOM SCHEDULE DIARY

완료기 이유식과 다이어트

ⓑ 아침　ⓛ 점심　ⓓ 저녁　🍴 간식

	___요일 ___월 ___일	___요일 ___월 ___일	___요일 ___월 ___일	___요일 ___월 ___일	___요일 ___월 ___일	___요일 ___월 ___일	___요일 ___월 ___일
이유식	연두부사과진밥 치즈잔멸치진밥 버섯불고기진밥 🍴 고구마양갱	연두부사과진밥 쇠고기버섯리소토 새우두부진밥 🍴 달걀애호박찜	치즈잔멸치진밥 버섯불고기볶음진밥 쇠고기채소진밥 🍴 토마토달걀볶음	들깨새우진밥 토마토스크램블 에그덮밥 쇠고기양송이진밥 🍴 바나나콘술로우	프렌치토스트 영양애호박비빔밥 대구단호박리소토 🍴 달걀가지찜	새우두부진밥 쇠고기채소덮밥 대구살무진밥 🍴 제철과일	쇠고기채소진밥 토마토 스크램블에그덮밥 두부땅이버섯진밥 🍴 제철과일
다이어트	ⓑ 사과당근주스 ⓛ 버섯불고기 볶음진밥 ⓓ 영양부추샐러드	ⓑ 애호박사과셰이크 ⓛ 쇠고기버섯리소토 ⓓ 단호박 고구마맛탕	ⓑ 양배추사과주스 ⓛ 버섯불고기 볶음진밥 ⓓ 토마토두부냉채 그린소스	ⓑ 단호박 요거트셰이크 ⓛ 토마토 스크램블에그덮밥 ⓓ 들깨새우샐러드	ⓑ 고구마셰이크 ⓛ 영양애호박 비빔밥 ⓓ 단호박 견과류샐러드	ⓑ 무수삶 파인애플주스 ⓛ 쇠고기채소덮밥 ⓓ 고구마샐러드	ⓑ 브로콜리배주스 ⓛ 토마토 스크램블에그덮밥 ⓓ 쇠고기 토마토샐러드
memo							

	___월 ___일	___월 ___일	___월 ___일	___월 ___일	___월 ___일	___월 ___일	___월 ___일
이유식	새우두부진밥 파인애플볶음밥 호박이 강낭콩연근진밥 🍴 단호박양갱	프렌치토스트 궁중떡볶이 들깨두부진밥 🍴 약식	치즈잔멸치진밥 토마토 스크램블에그덮밥 연두부사과진밥 🍴 리코타치즈	호랑이 강낭콩연근진밥 영양애호박비빔밥 대구단호박리소토 🍴 멸치견과류조림	치즈잔멸치진밥 파인애플볶음밥 새우두부진밥 🍴 토마토달걀볶음	두부땅이버섯진밥 버섯불고기볶음진밥 쇠고기버섯리소토 🍴 리코타치즈	프렌치토스트 쇠고기채소덮밥 연두부사과진밥 🍴 바나나콘술로우
다이어트	ⓑ 단호박 요거트셰이크 ⓛ 파인애플볶음밥 ⓓ 브로콜리 옥수수두유수프	ⓑ 호박고구마 바나나망고스무디 ⓛ 궁중떡볶이 ⓓ 메시고구마 리코타치즈샐러드	ⓑ 사과당근주스 ⓛ 토마토소스 해물소면 ⓓ 주꾸미샐러드	ⓑ 배추수박주스 ⓛ 영양애호박 비빔밥 ⓓ 아보카도 단호박샐러드	ⓑ 밤고구마 수박청경채주스 ⓛ 파인애플볶음밥 ⓓ 토마토두부냉채 그린소스	ⓑ 파프리카 배요거트 ⓛ 버섯불고기 볶음진밥 ⓓ 양배추초말이	ⓑ 애호박사과셰이크 ⓛ 쇠고기채소덮밥 ⓓ 아보카도 단호박샐러드
memo							

BABY & MOM SCHEDULE DIARY

완료기 이유식과 다이어트

B 아침 L 점심 D 저녁 🍴 간식

	__요일 __월 __일	__요일 __월 __일	__요일 __월 __일	__요일 __월 __일	__요일 __월 __일	__요일 __월 __일	__요일 __월 __일
이유식	쇠고기채소진밥 토마토소스해물소면 새우두부진밥 🍴 동그랑땡	프렌치토스트 토마토 스크램블에그덮밥 대구살무진밥 🍴 제철과일	두부팽이버섯진밥 궁중떡볶이 대구단호박리소토 🍴 멸치견과류조림	고구마채소진밥 버섯불고기볶음진밥 쇠고기버섯리소토 🍴 바나나콘슬로우	고구마채소진밥 쇠고기배추덮밥 대구단호박리소토 🍴 달걀가지찜	쇠고기양송이진밥 라이스채소피자 고구마채소진밥 🍴 제철과일	호랑이 강낭콩연근진밥 크림소면파스타 쇠고기양송이진밥 🍴 달걀애호박찜
다이어트	B 양배추사과주스 L 토마토소스 해물소면 D 뿌리채소 오므라이스	B 파프리카 베이거트 L 토마토스크램블 에그덮밥 D 양배추쪽말이	B 단호박 요거트케이크 L 궁중떡볶이 D 단호박 견과류샐러드	B 사과당근주스 L 버섯불고기 볶음진밥 D 단호박 고구마맛탕	B 고구마셰이크 L 쇠고기배추덮밥 D 영양부추샐러드	B 브로콜리배추주스 L 라이스채소피자 D 브로콜리 옥수수두유수프	B 완두콩사과셰이크 L 크림소면파스타 D 연근우엉냉채

memo

	__월 __일	__월 __일	__월 __일	__월 __일	__월 __일	__월 __일	__월 __일
이유식	프렌치토스트 영양애호박비빔밥 쇠고기채소진밥 🍴 완자	새우두부진밥 토마토소스해물소면 호랑이 강낭콩연근진밥 🍴 제철과일	쇠고기양송이진밥 버섯불고기볶음진밥 고구마채소진밥 🍴 캐슈너트소스채소찜	고구마채소진밥 궁중떡볶이 쇠고기버섯리소토 🍴 동그랑땡	프렌치토스트 파인애플볶음밥 호랑이 강낭콩연근진밥 🍴 약식	쇠고기채소진밥 크림소면파스타 두부팽이버섯진밥 🍴 캐슈너트소스채소찜	쇠고기양송이진밥 라이스채소피자 두부팽이버섯진밥 🍴 달걀가지찜
다이어트	B 애호박사과셰이크 L 영양애호박 비빔밥 D 쇠고기 토마토샐러드	B 사과당근주스 L 토마토소스 해물소면 D 양파감자 아몬드밀크수프	B 감자바나나 아보카도스무디 L 버섯불고기 볶음진밥 D 뿌리채소 오므라이스	B 고구마셰이크 L 궁중떡볶이 D 당근크림소스 파스타	B 무수슴 파인애플주스 L 파인애플볶음밥 D 연근칩샐러드	B 배추수박주스 L 크림소면파스타 D 수박스테이크	B 배추수박주스 L 라이스채소피자 D 버섯샐러드

memo

BABY & MOM SCHEDULE DIARY

이유식과 다이어트

	_요일 _월_일	_요일 _월_일	_요일 _월_일	_요일 _월_일	_요일 _월_일	_요일 _월_일	_요일 _월_일
이유식							
다이어트							
memo							

	_월_일	_월_일	_월_일	_월_일	_월_일	_월_일	_월_일
이유식							
다이어트							
memo							

BABY & MOM SCHEDULE DIARY

이유식과 다이어트

	요일	요일	요일	요일	요일	요일	요일
	월 일	월 일	월 일	월 일	월 일	월 일	월 일
이유식							
다이어트							
memo							

	월 일	월 일	월 일	월 일	월 일	월 일	월 일
이유식							
다이어트							
memo							

Self Schedule

BABY & MOM SCHEDULE DIARY

이유식과 다이어트

요일	요일	요일	요일	요일	요일	요일
월 일	월 일	월 일	월 일	월 일	월 일	월 일

이유식

다이어트

memo

월 일	월 일	월 일	월 일	월 일	월 일	월 일

이유식

다이어트

memo

BABY & MOM SCHEDULE DIARY

이유식과 다이어트

	요일	요일	요일	요일	요일	요일	요일
	월 일	월 일	월 일	월 일	월 일	월 일	월 일
이유식							
다이어트							
memo							
	월 일	월 일	월 일	월 일	월 일	월 일	월 일
이유식							
다이어트							
memo							

도움주신 곳

스타우브
www.facebook.com/staubkorea
(cafe.naver.com/staubcocotte)
02-2192-9643

프랑스 대표 무쇠 주물냄비 '스타우브(Staub)'는 조리과정 중
최고의 맛이 만들어질 수 있도록 개발된 제품으로
그 특장점이 디자인에도 묻어나 있다.
수많은 미슐랭 스타들에게 제품의 우수성을 인정받고 있으며,
스타우브 특유의 조리 기능과 효과는
일반 주부들을 매료시키기에도 충분하다.

이롭게 빚은 담음
blog.naver.com/j_clayart
010-3015-8759

편안하고 기품 있는 생활자기를 제공하는
클레이 아티스트 지유성 작가의 공간이다.
요리 연구가와 그릇 마니아들이 즐겨 찾는 곳으로
우리 그릇의 아름다움을 현대적으로 풀어낸 작품을
만날 수 있는 곳이다.

도미녀 공방
www.dmn333.com
070-7793-0005

전통 도자기를 현대적으로 재해석하여 가정에서 쉽게 사용할 수 있는
생활자기를 선보이고 있다.
체험을 통해 원하는 디자인의 도기를 만들 수 있는 프로그램이
운영되고 있다.

데일리 라이크
www.dailylike.co.kr
1644-2309

생활에 필요한 다양한 감성 소품을 판매하는 토탈숍이다.
패브릭부터 주방 소품에 이르기까지 여러 가지 제품을 만날 수 있다.

비바터치 담
vivatouch.com (vivatouch.net)
02-514-4936

비바터치 담의 사진은 단순한 기록이 아닌 관계성에서 시작한다.
비바터치 담 박상현의 휴먼오브제

칸트
www.kandt.co.kr
1599-7299

칸트는 즐거운 요리 문화를 위한 모든 것을 제시하는
프리미엄 주방용품 셀렉트숍이다.
세계적인 브랜드 상품들과 칸트만의 아이디어를 통해
식탁을 더욱 풍요롭게 만들어준다.

리큅
www.lequip.co.kr
1566-6563

건강한 생활문화를 선도하는 주방 가전 브랜드이다.
리큅은 웰빙 식문화의 새로운 카테고리인 '식품 건조기'를
국내 최초로 개발, 판매하고 있다.
최근에는 식품의 영양소 파괴를 최소화하는 데 도움을 주는
'RPM 프로페셔널 블렌더'를 선보였다.

디밤비
www.dibambi.com
1577-2969

프리미엄 유아 브랜드가 모인 종합 쇼핑몰이다.
90년 전통의 장인정신으로 만든 야마토야의 뉴마터나 제품은
하이엔드 가구 디자이너 노리유키 에비나의 디자인으로
유럽산 너도밤나무를 사용했다.

다이닝 오브제
www.diningobject.com
1666-3745

다이닝 오브제는 셰프들의 조리용품과 품격 있는 그릇,
스타일링을 위한 감각적인 우드 제품들을 판매하는
테이블 세팅 종합 쇼핑몰이다.

retro cafe 33
blog.naver.com/pfml2000
031-212-3326

용인시 주택가에 위치한 조용하고 편안한 유럽풍 레트로 카페이다.
매장에서 직접 만든 음식, 위트 있는 인테리어와 소품들이
찾아가는 재미를 준다.